Siegbert Morscher / Südtirols Verwaltung 1975

Schriften zur Verwaltungswissenschaft

Band 1

Südtirols Verwaltung 1975

Verwaltungs-, rechts- und politikwissenschaftliche
Bemerkungen zu einem komplexen Gegenstand

Von

Univ.-Prof. Dr. Siegbert Morscher

DUNCKER & HUMBLOT / BERLIN

Alle Rechte vorbehalten
© 1975 Duncker & Humblot, Berlin 41
Gedruckt 1975 bei Buchdruckerei Bruno Luck, Berlin 65
Printed in Germany
ISBN 3 428 03426 0

Vorwort

Die vorliegende Arbeit geht auf eine vor längerem von Herrn Prof. *Roman Schnur,* Tübingen, gegebene Anregung zurück und war ursprünglich als Beitrag für die Zeitschrift „Die Verwaltung" vorgesehen; da jedoch der geplante Umfang erheblich überschritten wurde, mußte davon Abstand genommen und eine andere Art der Veröffentlichung gesucht werden. Ich freue mich sehr, daß die Untersuchung in der neu geschaffenen Reihe des Hauses Duncker & Humblot „Schriften zur Verwaltungswissenschaft" erscheinen kann und danke Herrn Prof. *Schnur* für seine Unterstützung und Herrn Ministerialrat a. D. Senator Dr. *J. Broermann* für die Aufnahme in das Verlagsprogramm sehr herzlich. Danken möchte ich aber auch seinen Mitarbeitern von Duncker & Humblot, insbesondere Frl. *Gertraude Michitsch* für die konstruktive Zusammenarbeit bei der Drucklegung.

Bei den Vorarbeiten zum folgenden Versuch ist dem Verfasser von so vielen Seiten wertvolle Unterstützung zuteil geworden, daß der Dank dafür nicht im einzelnen, sondern nur global ausgesprochen werden kann; ganz besonders möchte ich aber *Bruno Laner* und *Rudi Rainer* danken. Ihnen und den vielen anderen Südtiroler Freunden sage ich zu, die vielen mir gegebenen Informationen zu Fragen besonderer Verwaltungsgebiete, die hier nicht verarbeitet werden konnten, möglichst bald anderweitig zu verwerten.

Innsbruck, Frühjahr 1975

Siegbert Morscher

Inhaltsverzeichnis

1.	**Einführung**	9
1.1.	Gesamtsituation Südtirols	9
1.2.	Methode	10
1.3.	Gegenstand	10
2.	**Determinanten der Verwaltung**	11
2.1.	Zentralismus — Autonomie — Positivismus	11
2.2.	Zeitgeschichte — Südtirol-Paket — Operationskalender	13
3.	**Rechtsgrundlagen der Südtiroler Autonomie**	21
3.1.	Die Provinzialorgane und ihre Aufgaben	21
3.1.1.	Der Südtiroler Landtag	22
3.1.2.	Der Landesausschuß und dessen Präsident	27
3.1.2.1.	Der Landesausschuß (Landesregierung)	27
3.1.2.2.	Der Landeshauptmann (Präsident des Landesausschusses)	28
3.1.2.3.	Struktur des Landesausschusses	29
3.2.	Die Zuständigkeiten der Provinz Bozen	33
3.2.1.	Gesetzgebung	34
3.2.1.1.	Primäre Gesetzgebung	34
3.2.1.2.	Sekundäre Gesetzgebung	37
3.2.1.3.	Weitere Gesetzgebungszuständigkeiten der Provinz	38
3.2.2.	Verwaltung	39
3.2.2.1.	Die eigene Verwaltung	40
3.2.2.2.	Die übertragene Verwaltung	41
3.2.2.3.	Die von der Provinz besorgte mittelbare Regionalverwaltung	41
3.2.2.4.	Besondere Typen von Verwaltungszuständigkeiten	42
3.2.2.5.	Relevanz der Durchführungsbestimmungen	47
3.2.2.6.	Nichthoheitliche Verwaltung	47
3.2.3.	Besondere Befugnisse der Provinz Bozen	47
3.2.3.1.	Anfechtungsbefugnisse	48
3.2.3.2.	Ernennung von Verwaltungsrichtern	49
3.2.4.	Finanzwesen	49

4. Zur Verwaltungsstruktur Südtirols ... 56
4.1. Bevölkerungsstruktur ... 56
4.2. Verwaltungsaufbau und Verwaltungspersonal ... 58
4.2.1. Ethnischer Proporz bei Stellenbesetzungen ... 60
4.2.2. Ethnischer Proporz bei staatlichen und halbstaatlichen Stellen 62
4.2.3. Zum Sprachenproblem in Südtirol ... 64
4.2.3.1. Deutsch als „Amtssprache" ... 65
4.2.3.2. Kenntnisse der deutschen Sprache ... 65
4.2.3.3. Deutsche Sprache und Schulwesen ... 66
4.2.4. Merkmale des öffentlichen Dienstes ... 67
4.2.4.1. Wettbewerbssystem und Ausnahmen ... 67
4.2.4.2. Bezüge ... 68
4.2.4.3. Sondersekretäre ... 68
4.2.4.4. Personal-Verwaltungsrat ... 69
4.2.4.5. Beamtenfortbildung ... 69
4.2.4.6. Beamtenrekrutierung ... 69
4.2.4.7. Personalausgaben ... 70
4.2.4.8. Das Verwaltungspersonal in Zahlen ... 71
4.2.4.9. Die Stellung des Beamten ... 73
4.2.5. Die Organisation der Landesverwaltung ... 74
4.3. Kontrolle und Aufsicht ... 78
4.3.1. Politische Kontrolle ... 78
4.3.2. Soziale Kontrolle ... 78
4.3.3. „Bilanzgarantie" ... 79
4.3.4. Übertragene Aufgaben ... 79
4.3.5. Staatsaufsicht ... 79
4.3.6. Verwaltungsgerichtsbarkeit ... 79
4.4. Materielle Verwaltungstätigkeit ... 80

5. Transnationale Zusammenarbeit ... 81

Literaturverzeichnis ... 82

Sachregister ... 89

1. Einführung[1]

1.1. Gesamtsituation Südtirols

Vor wenigen Jahren noch internationaler Streitpunkt zwischen Italien und Österreich und das gegenseitige Verhältnis beider Länder bis zur Zerreißprobe belastend (wofür die Befassung der Generalversammlung der Vereinten Nationen mit dem Streitgegenstand zu Beginn der sechziger Jahre sichtbarer Beweis ist) ist das Problem Südtirol[2] inzwischen weitgehend bereinigt und zu einem der wenigen unbestrittenen Plus europäischer Gemeinsamkeit geworden. Dies allein würde eine Befassung mit dem Gegenstand rechtfertigen. Es sprechen jedoch weitere, ohne weiteres einsichtige Gründe für dieses Vorhaben, die mit folgenden Stichworten umschrieben seien: Der Größenordnung wegen handelt es sich bei der Südtiroler Verwaltung um einen relativ überschaubaren Komplex, an welchem Verwaltungsprobleme besonders deutlich sichtbar gemacht (und auch gelöst) werden könnten; eine Vielzahl neu übertragener Aufgaben erfordern und erleichtern neue Impulse und Methoden, die — soferne sie erwiesen werden könnten — auch für andere Verwaltungen fruchtbar gemacht werden können[3]; die Südtiroler Verwaltung erfaßt und wird erfaßt von drei[4] Sprach-

---

[1] Die Arbeit wurde zunächst mit 1. 9. 1974 abgeschlossen, dann im wesentlichen auf den Stand März 1975 gebracht. Einige als solche gekennzeichnete Ergänzungen erfolgten bei der Korrektur.

[2] Aus der kaum mehr übersehbaren Fülle an Literatur zum Problem Südtirol bis etwa zur Paket-Einigung s. aus jüngerer Zeit — dort jeweils, z. T. sehr umfangreiche weitere Literaturhinweise — *Ermacora*, Die Autonomie Südtirols im Lichte der italienischen Rechtsordnung, Der Donauraum 3 (1958), 74 ff.; *Pfaundler* (Hrsg.), Südtirol, Versprechen und Wirklichkeit, Wien 1958; *Veiter*, Die Südtiroler Autonomie im Lichte des Völkerrechts der Gegenwart, in: FS Hugelmann (hrsg. von Wegeler), Aalen 1959, 675 ff., insbes. Bibliographie 753 ff.; *Huter* (Hrsg.), Südtirol, eine Frage des europäischen Gewissens, Wien 1965; *Ritschel*, Diplomatie um Südtirol, Stuttgart 1966; *Cajoli*, Alto Adige addio, Milano 1967; *Pizzorusso*, Le minoranze nel diritto pubblico interno, 2 Bde., Milano 1967 [dazu etwa der ehemalige Generalkonsul Österreichs und nunmehrige Salzburger Ordinarius *Matscher* in seiner Besprechung ÖZÖR NF 24 (1973), 185 ff. (193), der Pizzorussos Arbeit „beachtenswert objektiv" hält]; *Toscano*, Storia diplomatica della questione dell'Alto Adige, Bari 1967; *Fenet*, La Question du Tyrol du Sud, Paris 1968; *Wolf*, Südtirol in Österreich. Die Südtirolfrage in der österreichischen Diskussion von 1945 - 1969, Würzburg 1972.

[3] Daß diese Annahme tatsächlich verfrüht war, ergab erst die nähere Befassung mit dem Gegenstand; s. dazu weiter u.

[4] Neben dem italienischen und deutschen der *ladinische;* auf das Ladiner-Problem einzugehen ist aber im Rahmen dieser Überlegungen *nicht* möglich.

und Kulturkreisen, die an eine Verwaltung spezifische Konflikte herantragen — auch in dieser Richtung scheint der behandelte Gegenstand von allgemeiner Relevanz; ferner ist neben der üblichen die spezifische Verantwortung der „Wissenschaft" außerhalb Italiens für die „Praxis" wegen der politischen Konstellation einsichtig, der ein ausschließliches Angewiesensein der Verwaltung auf die Ergebnisse der „italienischen Wissenschaft" nicht gerecht und naturgemäß die Möglichkeit der Verwirklichung eines relativ eigenständigen Weges gerade nicht ermöglichen würde.

1.2. Methode

Die Arbeit versteht sich als ein erster Überblick. Dementsprechend kann auf methodische Präzision wenig Wert gelegt werden; dies zumal auch unter dem Gesichtspunkt, daß in wesentlichen Fragestellungen keinerlei verwertbares Material vorliegt[5]. Das bedingte, daß in einzelnen Punkten Interview-Ergebnisse verwertet werden mußten, ohne daß eine wünschenswerte präzisere Erfassung möglich war, die nur Einzeluntersuchungen vorbehalten bleiben kann. Insbesondere ist schon an dieser Stelle hervorzuheben, daß sich die Verwaltung Südtirols in einem spezifischen Übergangsverhältnis befindet; den transitorischen Charakter des Gegenstandes kann der folgende Versuch naturgemäß nur mit diesem teilen.

1.3. Gegenstand

Im folgenden soll die Verwaltung der Provinz (des Landes) Bozen behandelt werden. Nicht erfaßt wird also der Verwaltungsbereich des (Zentral-)Staates und der Region Trentino-Südtirol wie auch untergeordnete Verwaltungseinheiten wie insbesondere die Gemeinden; nur dort, wo es des Verständnisses wegen unbedingt erforderlich ist, wird über diesen engeren Gegenstand hinausgegangen. Andererseits wird neben der Verwaltung i. e. S. auch der davon abhebbare Bereich der „Regierung" behandelt.

---

[5] Zum Stand der erst im Aufbau begriffenen italienischen Verwaltungswissenschaft s. allgemein *Benvenuti*, Länderbericht Italien, in: Verwaltungswissenschaft in europäischen Ländern. Stand und Tendenzen, Schriftenreihe der Hochschule Speyer 42, Berlin 1969, 113 ff.; *Cassese*, Cultura e politica del diritto amministrativo, Bologna 1971; *Giannini*, Tendances dans le développement des sciences administratives en Italie, Revue internationale des sciences administratives 37 (1971), 1 ff.

2. Determinanten der Verwaltung

2.1. Zentralismus — Autonomie — Positivismus

Wie der gesamte „staatliche und gesellschaftliche" Komplex Südtirol ist auch das Teilsystem Verwaltung nur unter Berücksichtigung von 3 Grundtatbeständen zu erfassen[6]:

Da ist einmal an den bekannten *Zentralismus* zu erinnern, der mehr als 100 Jahre der italienischen Geschichte den Stempel aufgedrückt hat, an welchem auch die Nachkriegsverfassung lange nichts zu ändern vermochte[7]. Und da ist ferner die mehr als 20-jährige Auseinandersetzung Südtirols um die innerstaatliche Verwirklichung der durch das Gruber-De Gasperi-Abkommen völkerrechtlich zugesicherten Autono-

---

[6] Eine nähere Darlegung der verfassungsrechtlichen und politischen Grundstruktur Italiens ist im gegebenen Zusammenhang nicht möglich. Vgl. jedoch allgemein z. B. *Biscaretti di Ruffia*, Die Entwicklung des neuen italienischen öffentlichen Rechts vom Juli 1943 bis 31. März 1951, DVwBl. 1951, 529 ff.; derselbe, Diritto Costituzionale[9], Napoli 1972; *Sciascia*, Die Verfassung der italienischen Republik vom 27. Dezember 1947 und ihre Entwicklung bis 1958, JBÖffR NF 8 (1959), 139 ff.; derselbe, Die Entwicklung der Italienischen Verfassung (1959 - 1966), JBÖffR NF 16 (1967), 207 ff.; *Pallieri*, Diritto costituzionale[6], Milano 1959; *Mortati*, Istituzioni di diritto pubblico[8], 2 Bde., Padova 1969; Appendice 1972; *Crisafulli*, Lezioni di diritto costituzionale, Padova 1970; *Virga*, Diritto costituzionale[7], 1971; *Cereti*, Diritto costituzionale italiano, Torino 1971; *Barile*, Istituzioni di diritto pubblico, Padova 1972; *Lavagna*, Istituzioni di diritto pubblico, Torino 1973. Einen globalen Überblick vermittelt etwa auch die Broschüre Die Verfassungsordnung des italienischen Staates, Das Leben in Italien 1971/2, Supplement. Zum politischen System Italiens *Beyme*, Die parlamentarischen Regierungssysteme in Europa, München 1970, 332 ff.; derselbe, Das politische System Italiens, Stuttgart usw. 1970.

[7] s. vor allem die in FN 6 und im historischen Abriß (FN 11) angeführten Arbeiten. Ferner etwa *Pirandrei*, Prinzipien der Verfassungsinterpretation in Italien, JBÖffR NF 12 (1963), 201 ff. Als Spezifikum, das die Verfassungs- und politische Struktur in dieser Richtung besonders nachhaltig beeinflußt hat, ist insbesondere die zentralistische Rechtsprechung des italienischen Verfassungsgerichtshofes hervorzuheben. s. dazu etwa wieder neben den in FN 6 zitierten Abhandlungen *Sciascia*, Die Rechtsprechung des Verfassungsgerichtshofs der italienischen Republik, JBÖffR NF 6 (1957), 1 ff.; *Ermacora*, Autonomie (FN 2); derselbe, Die Bemühungen um die Rechtsfrage Südtirol, Der Donauraum 7 (1962), 1 ff.; *Azzariti*, Die Stellung des Verfassungsgerichtshofs in der italienischen Staatsordnung, JBÖffR NF 8 (1959), 13 ff.; *Sandulli*, Die Verfassungsgerichtsbarkeit in der Gegenwart (Hrsg. Mosler), Beiträge zum ausländischen öffentlichen Recht und Völkerrecht 36, Köln - Berlin 1962, 292 ff.; insbesondere aber *Hosp*, Die Rolle des italienischen Verfassungsgerichtshofes in der Erfüllung des Pariser Südtirol-Abkommens, staatsw. Diss. Wien 1967. U. a. bildete zumal Art. 4 in Verbindung mit Art. 11

mie[8] zu nennen; sie war das zentrale politische Anliegen Südtirols, dem sich die übrigen Aufgaben unterordneten — auch und gerade im Bereiche der Verwaltung. Schließlich ist die stark ausgeprägte positivistische Grundhaltung der italienischen staatsrechtlichen Doktrin und Praxis hervorzuheben[9]: Sie prägt nicht nur das gesamtitalienische Staats- und politische Leben, sondern in eigentümlicher Weise auch Südtirol und seine Verwaltung, die ihrerseits damit zumindest lange Zeit nicht sehr viel anzufangen wußten[10].

---

des (Sonder-)Statuts der Region Trentino-Südtirol (Verfassungsgesetz vom 26. 2. 1948 Nr. 5, G. U. 1948/62, Amtsblatt der Region 28. 2. 1949, Nr. 1), wonach Region und Provinz in ihren Zuständigkeiten u. a. an den „nationalen Interessen" ihre Grenzen finden, einen wesentlichen Ansatzpunkt für diese Judikatur; Hinweise etwa bei *Sciascia*, Entwicklung (FN 6) und *Hosp*, 373 f. Text der italienischen Verfassung etwa bei *Lavagna*, La Costituzione Italiana commentata con le decisioni della Corte costituzionale, Turin 1970, und in diversen Regionalgesetzbüchern wie etwa *Visetti / Bertoldi*, Codice della Regione Trentino-Alto Adige, Trient 1970; *Giovenco / Cannata*, Codice Regionale, Milano 1971, 3 ff., Bd. 2 Milano 1973; *Codice della Provincia Autonoma di Bolzano*, Bozen o. J. (1969), in Neubearbeitung; in *deutscher* Sprache (allerdings alles nicht am neuesten Stand) *Unterlagensammlung* Nr. 13 der Tiroler Landesregierung, Innsbruck 1948 (aufliegend im Referat S Südtirol, geleitet von Frau Hofrat Dr. *Viktoria Stadlmayer*; bei der Behandlung von Südtirol-Fragen bildet dieses Referat mit seinem Material eine unentbehrliche Hilfe); *Brorsen*, Die Verfassungen der Erde in deutscher Sprache, 1. Lieferung, Tübingen 1950; *Sciascia*, Verfassung (FN 6), 199 ff.; *Gesetzbuch* der Region, Republik Italien, Region Trentino-Tiroler Etschland (hrsg. vom Regionalausschuß), Bozen o. J. (1957), 9 ff.; *Mayer-Tasch*, Die Verfassungen Europas, Stuttgart 1966, 248 ff. (wiedergegeben auch in *Beyme*, Das politische System Italiens, 133 ff.); *derselbe*, Die Verfassungen Europas[2], München 1975, 314 ff.; *Sammlung* der Landesgesetze der Provinz Bozen, Bozen 1966 (Ablichtungen aus Gesetzblättern in Lose-Blatt), 1 ff., Neuausgabe in Vorbereitung. *Englisch* bei *Peaslee*, Constitutions of Nations II[2], Den Haag 1956, 482 ff.; *derselbe*, Constitutions of Nations II[3], Den Haag 1968, 500 ff. Zu der mehr als 20 Jahre verspätet verwirklichten Regionalisierung s. nunmehr mit umfassenden Hinweisen *Tomuschat*, Italien als Regionalstaat, Die Verwaltung 6 (1973), 167 ff.; ferner *Vittorio*, Neue Regionen in Italien, AfKW 1971, 297 ff.; *Lambrechts*, Régionalisation et Administration, Revue internationale des sciences administratives 39 (1973), 271 ff. (284 ff.); *Ferrari*, L'évolution du droit public italien en 1971 - 1972, Revue du droit public et de la science politique en France et à l'étranger 1973, 1207 ff. (1236 ff.).

[8] Das Problem der Autonomie Südtirols hat insbesondere auch in der italienischen Literatur stärkste Resonanz gefunden; s. dazu etwa die Bibliographien bei *Pizzorusso* und *Fenet* (FN 2); man darf annehmen, daß ein Teil derselben durch die inzwischen veränderte politische und rechtliche Lage zu Makkulatur wurde.

[9] s. die Hinweise in FN 6 und 7. Besonders deutlich etwa auch im Grundrechtsbereich *Rossano*, Der Schutz der Gleichheit der Geschlechter beim Zugang zu öffentlichen und privaten Anstellungen in der italienischen Verfassung, in: FS Gerhard Leibholz II, Tübingen 1966, 237 ff.; *derselbe*, Der Gleichheitssatz und seine Bedeutung für die italienische Verfassung, JBÖffR NF 18 (1969), 201 ff. Instruktiv auch *Passigli*, Politische Wissenschaft in italienischer Sicht, PVS 12 (1971), 162 ff.

[10] Die entscheidende politische Kraft Südtirols war und ist noch immer die Sammelpartei der deutschen Volksgruppe, die SVP (Südtiroler Volkspartei); ihr Statut (genehmigt von der ordentlichen Landesversammlung am 28. 11.

2.2. Zeitgeschichte — Südtirol-Paket — Operationskalender

Auf zeitgeschichtliche Daten im einzelnen muß für die Zeit bis Ende der 60-er Jahre verzichtet werden[11]; es müssen folgende Hinweise genügen: Nachdem das Gruber-De Gasperi-Abkommen vom 5. 9. 1946 („Pariser Abkommen")[12, 13] die internationale Verankerung der Südtiroler Autonomie gebracht hatte[14], wurde im Zuge des Neubaues der italienischen Verfassungsordnung von der italienischen verfassunggebenden Versammlung am 27. 6. 1947 die Region Trentino-Tiroler Etschland geschaffen und am 29. 1. 1948 das Autonomiestatut[15] beschlossen. Mit

---

1970) sieht die Verfolgung der Interessen der Südtiroler „gemäß dem nach christlichen Grundsätzen ausgerichteten Programm" (§ 1) vor. Das hat insbesondere im Kampf um die Verwirklichung der Autonomie einen pointierten „naturrechtlichen" Standpunkt bedeutet. Beim italienischen Verfassungsgerichtshof konnten damit allerdings keine großen Erfolge errungen werden; Hinweise bei *Hosp*, a.a.O. (FN 7). Zur SVP allgemein *Gruber*, Die Südtiroler politischen Parteien, staatsw. Diss. Innsbruck 1971.

[11] s. jedoch insbesondere für die Zeit seit der Beseitigung des Faschismus die in FN 2, 6 und 7 angeführten Arbeiten; ferner *Südtirol* in Not und Bewährung, FS Michael Gamper, Brixen - Bozen o. J. (1955), insbesondere *Volgger*, Südtirol heute. — Das Pariser Abkommen vom 5. September 1946 und seine Durchführung, 211 ff.; *Siegler*, Das Problem Südtirol. Eine Chronik des Geschehens 1915 - 1959, Wien - Zürich 1960; *derselbe*, Die österreichisch-italienische Einigung über die Regelung des Südtirolkonflikts, Bonn - Wien - Zürich 1970; *Widmoser*, Autonomie für Südtirol. Der lange Weg, Innsbruck o. J. (1970?); *Tumler*, Das Land Südtirol, München 1971, 453 ff.; *Furlani / Wandruszka*, Österreich und Italien, Wien - München 1973; *Magnago*, The situation of the German and Ladin linguiste minorities in South Tyrol, Europa Ethnica 1974, 146 ff.

[12] In Österreich nicht amtlich publiziert, in Italien Supplemento ordinario della Gazzetta Ufficiale della Republica Italiana (im folgenden: G. U.) 1947/295; wiedergegeben etwa in *Volgger*, Südtirol (FN 11), 226 ff.; *Ermacora*, Autonomie (FN 2), 86 FN 2; *Pfaundler* (Hrsg.), Südtirol (FN 2), 85 f.; *Veiter*, Südtiroler Autonomie (FN 2), 713 f., FN 79; *Memorandum* der Österreichischen Bundesregierung zur Südtirolfrage an die Vereinten Nationen, Wien 1960; *Siegler*, Problem (FN 11), 17 f.; *Ritschel*, Diplomatie (FN 2), 224 ff.; *Widmoser*, Autonomie (FN 11), 9 f.; *Tumler*, Land Südtirol (FN 11), 453 f.

[13] Das Pariser Abkommen bildet Anlage IV des italienischen Friedensvertrages (s. Art. 10 desselben) und gilt gemäß Art. 85 als dessen integrierender Bestandteil. *Innerstaatlich* kann aus diesem Abkommen nach der Rechtsprechung des italienischen Verfassungsgerichtshofes nichts abgeleitet werden, sondern nur aus dem Sonderstatut der Region Trentino-Südtirol, durch welches der Vertrag selbst verwirklicht werde; Ital. VfGH 32/1960, 1 und 68/1961, dazu *Sciascia*, Entwicklung (FN 6), 225 sowie *Hosp*, Rolle (FN 7), 357 ff.

[14] Auf Einzelheiten kann hier nicht eingegangen werden; dazu die bisher zitierte Literatur.

[15] G. U. 1948/62, Amtsblatt der Region Trentino-Oberetsch (im folgenden abgekürzt: ABlR) 1949/1 (seit dem ABlR 1972/5 lautet die Bezeichnung: Abl. der Region Trentino-Südtirol), in Kraft getreten am 14. 3. 1948, Novelle des Art. 68 durch G. 31. 12. 1962 Nr. 1777, G. U. 1963/10, ABlR 1963/4. Der — inzwischen allerdings revidierte — Text z. B. in den Regionalgesetzbüchern (Hinweise FN 7); in Deutsch etwa im *Gesetzbuch* der Region (FN 7), 107 ff., *Pfaundler*, Südtirol, 88 ff., sowie bei *Ritschel*, Diplomatie (FN 2), 633 ff.

der Schaffung einer aus zwei Provinzen bestehenden Region wurde aber jedenfalls nach Auffassung der Südtiroler und Österreichs das Pariser Abkommen — abgesehen von anderen, insbesondere Durchführungsproblemen — schon deshalb nicht erfüllt, weil in wesentlichen Bereichen, nämlich in den der Region zugewiesenen Angelegenheiten[16], eine Majorisierung durch die in der Region bestehende italienische Mehrheit gegeben war. Darin, sowie in der Nichtdurchführung der Gleichstellung der deutschen und italienischen Sprache im öffentlichen Leben (Pkt. 1 b des Pariser Abkommens), der Nichtdurchführung der Gleichberechtigung bei Einstellung von Südtirolern in den öffentlichen Dienst (Pkt. 1 d des Pariser Abkommens) und schließlich im unzureichenden Schutz der Südtiroler Volksgruppe vor überdimensionaler italienischer Zuwanderung lagen die Hauptgründe für die 2 Jahrzehnte währenden diplomatischen Auseinandersetzungen um die Lösung des Problems, wobei Italien bis dato den Rechtsstandpunkt vertreten hat, mit dem Statut des Jahres 1948 seien die aus dem Pariser Abkommen erwachsenen Verpflichtungen voll erfüllt[17]; weitere Konzessionen wurden und werden als eine inneritalienische Angelegenheit gewertet. Da die zahllosen bilateralen Kontakte und Kontaktversuche zu keinem greifbaren Ergebnis führten, brachte Österreich 1960 und 1961 Südtirol vor die XV. und XVI. Generalversammlung der Vereinten Nationen[18]. Im September 1961 hatte Italien unter innerem[19] und internationalem Druck die sogenannte *Neunzehner-Kommission*[20] eingerichtet, die der italienischen Regierung Maßnahmen zur Erweiterung der Südtiroler Autonomie ausarbeiten sollte. Der von dieser Kommission im April 1964 erstattete Bericht[21] wurde zur Grundlage der weiteren italienisch-österreichischen Verhandlungen sowie der Kontakte zwischen der Südtiroler Volkspartei und der italienischen Regierung, die schlußendlich zum *Südtirol-Paket* führten. Während die SVP dem Paket nur unter der Voraussetzung seiner *internationalen* Verankerung zuzustimmen

---

[16] Der Region standen umfassendere und wichtigere Kompetenzen zu als den Provinzen Trient und Südtirol.

[17] Das ist auch für die unterschiedliche rechtliche Wertung des „Pakets" durch Italien und Österreich ursächlich.

[18] s. dazu deren einstimmige Resolutionen 1497 (XV) und 1661 (XVI), wiedergegeben auch in den zitierten Arbeiten. s. insbesondere *Degenhard*, Der Österreichisch-Italienische Streit über Südtirol vor den Vereinten Nationen, rechts- und staatsw. Diss. Würzburg 1967.

[19] Terroraktionen in Südtirol und anderen Teilen Italiens. Ihre spezifische Problematik liegt darin, daß sogar sehr zurückhaltende Kenner der Lage die Ansicht äußern, daß nur diese Aktionen verknüpft mit ihrem internationalen Echo Italien zu einem Meinungsumschwung veranlaßt haben.

[20] Zusammensetzung bei *Ritschel*, Diplomatie (FN 2), 390 f.

[21] s. etwa *Ritschel*, Diplomatie (FN 2), 694 ff.; Zusammenfassung bei *Widmoser*, Autonomie (FN 11), 21 f.

2.2. Zeitgeschichte — Südtirol-Paket — Operationskalender

bereit war, beharrte Italien auf seinem Standpunkt, das Pariser Abkommen sei voll erfüllt und die im Paket vorgesehenen Maßnahmen seien darüber hinausgehende Konzessionen rein inneritalienischen Charakters. Im Zuge der weiteren Verhandlungen wurde der *Operationskalender* entwickelt, der zumindest indirekt die Durchführung der von Italien in Aussicht gestellten Maßnahmen gewährleistet. Nach knapper Annahme von Südtirol-Paket und Kalender durch die SVP[22] kam es am 30. 11. 1969 in Kopenhagen zur grundsätzlichen Übereinstimmung zwischen Italien und Österreich über Paket und Operationskalender.

Das sogenannte *Südtirol-Paket*[23] enthält alle jene Maßnahmen, die Italien zugunsten des Ausbaus der Südtiroler Autonomie durchzuführen zusagte. Nach der Art der vorgesehenen Maßnahmen ist das Paket in 7 Abschnitte gegliedert: 1. Änderungen des Statutes von 1948; 2. Einfügung neuer Bestimmungen in das Statut von 1948; 3. Durchführungsbestimmungen zum Statut; 4. Maßnahmen, die durch Erlassung gesetzlicher Bestimmungen zu treffen sind; 5. Maßnahmen, die mit Verwaltungsverfügungen zu treffen sind; 6. Maßnahmen, die Gegenstand der Prüfung seitens der Regierung sein werden; 7. Interne Garantien[24].

---

[22] s. z. B. *Siegler*, Einigung (FN 11), 22 f.; *Widmoser*, Autonomie (FN 11), 31 ff.; s. ÖZAP 1969, 346 f.; s. auch *Brugger / Benedikter / Dalsass*, Südtirol vor der Entscheidung. Fragen und Antworten zu Paket und Operationskalender, Bozen o. J. (1969); s. ferner die Bedenken von *Ermacora*, Wie weit man von der Südtirol-„Lösung" entfernt ist, Berichte und Informationen 1212 (14. 11. 1969), sowie *Veiter*, Kritische Gedanken zum sogenannten „Südtirol-Paket", Das Menschenrecht 1970/140, 11 ff.; *derselbe*, Südtirol, das Selbstbestimmungsrecht und der europäische Föderalismus, in: Beiträge zu einem System des Selbstbestimmungsrechts, bearbeitet von *Kloss*, Völkerrechtliche Abhandlungen 2, Wien - Stuttgart 1970, 81 ff.

[23] Der Text des Südtirol-Pakets ist nur in italienischer Sprache authentisch (s. auch *Veiter*, Das Recht der Volksgruppen und Sprachminderheiten in Österreich, Wien - Stuttgart 1970, 770 FN 9) und findet sich einschließlich der von der SVP hinzugefügten Fußnoten (deren Verbindlichkeit allerdings fraglich ist) in ÖZAP 1969, 332 ff.; ferner Beilage Skolast 2/3, Südtiroler Hochschülerschaft, Bozen 1970. In *deutscher* Sprache findet sich der Paket-Text in ÖZAP 1969, 317 ff.; AGI (Nachrichtenagentur Italia), deutscher Sonderdienst, Sonderbeilage Nr. 42, 19. JG, 29. 10. 1969; *Südtirol*-Paket und Operationskalender, Ausgabe der Österreichischen Staatsdruckerei, Wien 1969; *Südtirol*-Paket und Operationskalender, hrsg. vom (österr.) BMAA, Wien 1970; *Siegler*, Einigung (FN 11), 6 ff.

[24] Das Paket enthält insgesamt 137 Punkte. Eine Widergabe ist wegen des Umfanges nicht möglich. Um dem Leser einen Eindruck von der Materie zu geben, sei im folgenden die inhaltliche Zusammenfassung von *Siegler*, Einigung (FN 11), 5 f. wiedergegeben: „Zu den bestehenden Gesetzgebungskompetenzen auf den Gebieten Handwerk, Messen und Märkte sowie Höferecht bringt das Paket der Provinz Gesetzgebungsrechte auf den Sachgebieten Land- und Forstwirtschaft, Bergbau und Mineralquellen, Wasserbauten und Wassernutzung, Straßen- und Verkehrswesen, öffentliche Arbeiten, Fremdenverkehr und Gastgewerbe, Handel, Industrieförderung und Wirtschaftsplanung im Einklang mit den Prinzipien der staatlichen Programmierungs-

gesetze. Bei Industriegründungen mit staatlicher oder ausländischer Kapitalbeteiligung ist das Einvernehmen zwischen Staat und Provinz vorgesehen. Die bisher auf den Volkswohnbau beschränkte Gesetzgebungskompetenz der Provinz wird gemäß dem Paket auf den gesamten öffentlich geförderten Wohnbau erweitert. Weiters bringt das Paket der Provinz die Zuständigkeit u. a. für öffentliche Fürsorge, Hygiene und Gesundheitswesen. Auf dem Gebiet der Arbeitsvermittlung erhält die Provinz Bozen das Recht, Kontrollkommissionen zur Sicherung des verfassungsmäßig zu verankernden Vorranges der Ansässigen bei der Arbeitsvermittlung zu schaffen. Zu den wesentlichsten Bestimmungen des Pakets gehört auch die Verwirklichung des ethnischen Proporzes, vor allem im öffentlichen Dienst. Zu ihren bisherigen legislativen Befugnissen hinsichtlich örtlicher künstlerischer Veranstaltungen und Gebräuche sowie kultureller Einrichtungen (Museen, Bibliotheken) wird der Provinz die Zuständigkeit für Schutz und Erhaltung des geschichtlichen, künstlerischen und volkstümlichen Gutes zuerkannt. Die Ausstrahlung deutschsprachiger Fernsehprogramme soll so weit als möglich entwickelt werden. Bei der RAI Bozen wird der Sendeleiter für die deutschsprachigen Radio- und Fernsehprogramme im Einvernehmen mit der Provinz Bozen ernannt werden. Das mit deutschen und ladinischen Programmen befaßte Personal der RAI Bozen soll der jeweiligen Minderheit angehören. Auf dem Schulsektor sieht das neue Autonomiestatut einen Schulamtsleiter für die deutschsprachigen Schulen vor, der von der Südtiroler Landesregierung ernannt wird und nicht dem Weisungsrecht des italienischen Schulsuperintendenten untersteht. Das Verwaltungspersonal der deutschsprachigen Schulen aller Grade geht auf die Provinz über. Hinsichtlich dieser Schulen ist für die Ernennung der Staatsprüfungskommission durch das italienische Unterrichtsministerium das Einvernehmen mit der Provinz erforderlich. Die Gesetzgebungskompetenz der Provinz wird gemäß dem Paket auch den Schulausbau umfassen und auf den Gebieten Schulfürsorge und Kindergärten verbessert werden. Auf dem Gebiete der Sprache enthält das Paket den Grundsatz der Gleichstellung des Deutschen und des Italienischen (mit Detailregelungen auf verschiedenen Gebieten, wie Verwaltung, Gerichtsbarkeit usw.). Auch wird grundsätzlich die Möglichkeit des getrennten Sprachgebrauchs gewährleistet. Deutsche Namen sollen kostenlos wiederhergestellt werden können. Noch offene Optantenfälle sollen erledigt werden. Das Paket enthält ferner die Qualifizierung des Schutzes der deutschsprachigen und ladinischen Minderheiten als ‚nationales Interesse'; Abänderung der offiziellen deutschsprachigen Bezeichnung von ‚Tiroler Etschland' in ‚Südtirol'; Möglichkeit der Anfechtung von Staatsgesetzen durch die Provinz (bisher Region); Schaffung eines paritätisch besetzten Verwaltungsgerichtshofes; Teilnahme des Landeshauptmannes an Südtirol betreffenden Sitzungen des italienischen Ministerrates; Erfordernis vierjähriger Ansässigkeit in der Region (hiervon zwei Jahre in der Provinz) für die Wahlteilnahme; statt indirekter Finanzierung durch die Region Übertragung direkter — den neuen Befugnissen der Provinz entsprechender — Steuereinnahmen an die Provinz; Möglichkeit der Einhebung von Zusatzsteuern durch die Provinz; Gesetzgebungsrechte der Provinz bezüglich der öffentlichen Betriebe und des Enteignungsrechts; Befugnis der Provinz zur Suspendierung und Auflösung der Organe von Körperschaften und Gemeinden mit bis zu 20 000 Einwohnern; Übertragung der bisher staatlichen Gemeindesekretäre in die Abhängigkeit der Gemeinden; Anwendung der staatlichen Strafrechtsnormen durch die Provinz zum Schutze der Provinzgesetze; Befugnis der Provinz zu statistischen Erhebungen sowie Informationsrecht hinsichtlich des Meldewesens. Schließlich ist vorgesehen, daß beim italienischen Ministerratspräsidium eine ständige Kommission für die Probleme der Provinz Bozen eingerichtet wird. Sie hat die Aufgabe, die mit dem Schutz der örtlichen sprachlichen Minderheiten und mit der weiteren strukturellen, sozialen und wirtschaftlichen Entwicklung der Bevölkerung Südtirols besonders zusammenhängende Probleme zu prüfen, mit dem Ziel, deren friedliches

2.2. Zeitgeschichte — Südtirol-Paket — Operationskalender

Der *Operationskalender*[25] beinhaltet das Programm jener Maßnahmen, die Italien und Österreich setzen sollten, wobei insbesondere Österreich gemäß Pkt. 13 des Operationskalenders nach Durchführung der für den Ausbau der Autonomie erforderlichen Schritte durch Italien eine Schlußerklärung (Streitbeendigungserklärung genannt) abgeben wird. Der derzeitige Stand der Verwirklichung des Operationskalenders[26] ist dadurch gekennzeichnet, daß der Großteil der vorgesehenen Schritte durch Italien gesetzt worden ist[27]; insbesondere wurde das Sonderstatut der Region Trentino-Südtirol durch Verfassungsgesetz[28] novelliert[29] und der Großteil der vorgesehenen Gesetzgebungs-

---

Zusammenleben auf der Grundlage voller Gleichheit der Rechte und Pflichten sicherzustellen. Die Kommission besteht aus 7 Mitgliedern, von denen 4 der deutschen, 2 der italienischen und 1 der ladinischen Sprachgruppe angehören. Den Vorsitz hat ein Unterstaatssekretär beim Ministerratspräsidium."

[25] Der italienische und deutsche Text sind hier gleichermaßen authentisch. Der deutsche Text ist zu finden: ÖZAP 1969, 345; in den beiden in FN 23 genannten österreichischen Dokumenten; *Siegler*, Einigung (FN 11), 21 f.; *Tumler*, Das Land Südtirol (FN 11), 471 f.

[26] s. hinsichtlich der ersten Schritte im einzelnen die Hinweise bei *Siegler*, Einigung (FN 11), 24 ff.; *Widmoser*, Autonomie (FN 11), 42 ff.; ÖZAP 1970, 251 ff. und 343 f.

[27] s. in diesem Sinne auch die Erklärungen des österreichischen Außenministers vor der GV der UN, wiedergegeben in ÖZAP 1971, 291 f.; ÖZAP 1972, 314; ÖZAP 1973, 312. Beachte insbesondere auch die Unterzeichnung des Vertrages zur Abänderung des Art. 27 lit. a des Europäischen Übereinkommens zur friedlichen Beilegung von Streitigkeiten-„IGH-Vertrag" (Pkt. 8 des Operationskalenders) im Juli 1971; dazu etwa Wiener Zeitung (W. Z.) 18. 7. 1971, 1 f.; Kurier 18. 7. 1971, 1 und 3; Tiroler Tageszeitung (T. T.) 19. 6. 1971, 2. s. auch die Anfragebeantwortung des österreichischen BMAA II-1750 BlgNR 12. GP. Die im folgenden häufige Zitierung der T. T. erfolgt deshalb, weil diese Tageszeitung eine eigene Südtirolredaktion besitzt, also regelmäßig über einschlägige Fragen informiert. Als Nicht-Südtiroler Blatt kann angenommen werden, daß sie objektive Berichterstattung gewährleistet, da sie tagespolitischen Einflüssen weniger offen ist. Die entsprechenden Veröffentlichungen in anderen Blättern, insbesondere in den Dolomiten und im Volksboten (beide Bozen) sowie im Alto Adige kann an Hand der Zitate (gleicher Tag oder etwas früher wie T. T.) leicht aufgefunden werden. Eine wertvolle Hilfe bildet dabei die umfassende Dokumentation des Referates S im Präsidium des Amtes der Tiroler Landesregierung.

[28] s. Verfassungsgesetz vom 10. 11. 1971 Nr. 1, G. U. 1972/3, in Kraft getreten am 20. 1. 1972 (Regierungsvorlage 2216 Atti Parl. 5. GP, 19. 1. 1970); inzwischen wurde das Statut durch Verfassungsgesetz 23. 2. 1972 Nr. 1, G. U. 1972/63, abermals novelliert (Verlängerung der Legislatur von 4 auf 5 Jahre und damit zusammenhängende Fragen). Der neue Einheitstext des Sonderstatuts, der die Novellen 1963 (FN 15), 1971 und 1972 berücksichtigt, genehmigt mit Dekret des Präsidenten der Republik vom 31. 8. 1972, Nr. 670, ist veröffentlicht in der G. U. 1972/301 (20. 11. 1972); zur deutschen Übersetzung s. unten.

[29] Zur Umständlichkeit der Erlassung von Verfassungsvorschriften in Italien vgl. *Leisner*, Die Verfassungsgesetzgebung in der italienischen staatsrechtlichen Tradition — ein Beitrag zur Lehre von der „starren" Verfassung, ÖZÖR NF X (1959/1960), 225 ff. (251 ff.); *Sciascia*, Verfassung (FN 6), 152, 157 f.

2. Determinanten der Verwaltung

und Verwaltungsmaßnahmen[30] durchgeführt[31]. Im wesentlichen sind derzeit folgende Punkte noch offen[32]:

1. Für die Verwirklichung weiterer Maßnahmen des 3. Abschnittes (98 bis 105, Durchführungsbestimmungen zum Sonderstatut) liegen der „Zwölferkommission" bzw. „Sechserkommission" weitgehend Vorschläge vor[33]; zu einem beachtlichen Teil wegen der Schwierigkeiten der Materie wird aber insbesondere an der Bereinigung der Verwirklichung

---

[30] s. G vom 11. 3. 1972, G. U. 1972/118 (11. 4. 1972), in Kraft getreten am 26. 4. 1972. Folgende DP Republik sind ergangen: 20. 1. 1973 Nr. 48, OrdB G. U. 1973/84 (von der provinzialen Zuständigkeit ausgeschlossene historische und Kunstdenkmäler von nationalem Interesse); 1. 2. 1973 Nr. 49, OrdB G. U. 1973/84 (Regional- und Provinzialorgane; s. auch die unten zitierte Novelle); 1. 2. 1973 Nr. 50, OrdB G. U. 1973/84 (Ausübung des Wahlrechts); 20. 1. 1973 Nr. 115, OrdB G. U. 1973/101 (Übertragung von Domanial- und Vermögensgütern); 20. 1. 1973 Nr. 116, OrdB G. U. 1973/101 (Schulangelegenheiten); 6 Dekrete 1. 11. 1973 G. U. 1973/296, Nr. 686 (öffentliche Betriebe und öffentliche Veranstaltungen), Nr. 687 (Schulfürsorge und Schulhausbau), Nr. 688 (Regional- und Provinzialorgane — Novelle), Nr. 689 (Berufsausbildung und Berufsertüchtigung), Nr. 690 (Schutz und Erhaltung des geschichtlichen, künstlerischen und volkstümlichen Gutes), 691 (örtliche Sitten und Gebräuche usw. Rundfunk und Fernsehen); 3 Dekrete 22. 3. 1974 G. U. 1974/196 Nr. 278 (Fremdenverkehr und Gastgewerbe), Nr. 279 (Mindestkultureinheit, Jagd und Fischerei, Land- und Forstwirtschaft), Nr. 280 (Gemeinde- und Provinzialkommissionen bei Stellenvermittlungen); 22. 3. 1974, G. U. 1974/223 (Raumordnung und öffentliche Arbeiten). Am 14. 3. 1975 verabschiedete der ital. Ministerrat Durchführungsbestimmungen zu weiteren 7 Komplexen (s. T. T. 17. 2. 1975, 2 und 15. 3. 1975, 2 sowie die dem Bericht LH Budget 1975 beigefügte Liste): Hygiene und Gesundheitswesen; Wohlfahrt und Sozialfürsorge; Sport und Freizeitgestaltung; Gemeindefinanzen; Lehrlingswesen, Arbeitsbuch, berufliche Einstufung; Regionales Schiedsorgan betreffend den Haushalt; Genossenschaftswesen; in der G. U. noch nicht veröffentlicht.

[31] s. im einzelnen FN 27 sowie folgende Anfragebeantwortungen: II-1750 BlgNR 12. GP (7. 9. 1971); II-679 BlgNR 13. GP (14. 4. 1972); II-2913 BlgNR 13. GP (20. 8. 1973); II-3207 BlgNR 13. GP (30. 1. 1974). Ferner T. T.: 29. 2. 1972, 2; 3. 7. 1972, 2; 5. 7. 1972, 18; 30. 9. 1972, 2; 11. 1. 1973, 2; 12. 1. 1973, 18; 6. 2. 1973, 1; 20. 2. 1973, 2; 12. 6. 1973, 2; 13. 6. 1973, 1; 9. 7. 1973, 2; 18. 7. 1973, 1; 27. 9. 1973, 2; s. auch Volksbote 1. 2. 1973. Hinsichtlich der ersten Schritte s. auch den informativen Überblick in Regionalberichte 4 (1972), Nr. 10 - 12, 20 f.

[32] s. im einzelnen die in FN 31 angeführten Anfragebeantwortungen, insbesondere (nach dem Stand vom 20. 8. 1973) Anfragebeantwortung II-2913 BlgNR 13. GP, sowie NZZ Fernausgabe: Nr. 337 vom 8. 12. 1972, 3, Nr. 51 vom 22. 2. 1973, 5 und Nr. 84 vom 27. 3. 1973, 2; Volksbote 1. 2. 1973, 1; T. T.: 9. 7. 1973, 2; 3. 1. 1974, 2; 12. 1. 1974, 2; 11. 2. 1974, 2; 26. 7. 1974, 2; 3. 8. 1974, 2; 31. 7. 1974, 2. *Stadlmayer*, Südtirol 1970. Versuch einer Analyse, in: Volkstum zwischen Moldau, Etsch und Donau, FS Franz Hieronymus Riedl (hrsg. von Veiter), Ethnos 10, Wien - Stuttgart 1971, 169 ff.; *dieselbe*, Ergebnisse und Probleme in Südtirol, Europa Ethnica 31 (1974), 57 ff.; Interview von Landeshauptmannstellvertreter Assessor Dr. Alfons Benedikter in Vorarlberger Nachrichten 27. 8. 1974, 2; *Magnago*, The situation (FN 11).

[33] Zur Kommission s. Art. 57 des Verfassungsgesetzes v. 10. 11. 1971 (Änderung des Sonderstatuts), nunmehr Art. 107 des Einheitstextes G. U. 1972/301, wodurch Art. 95 des Statuts neu gestaltet und die „Zwölferkommission" bzw. für die Belange Südtirols die „Sechserkommission" geschaffen wurden. Zum bisher Verwirklichten s. FN 30.

2.2. Zeitgeschichte — Südtirol-Paket — Operationskalender

des ethnischen Proporzes bei der Besetzung staatlicher und halbstaatlicher Stellen sowie der Gleichstellung der Sprachen im Amtsgebrauch der staatlichen und halbstaatlichen Stellen noch emsig gebastelt[34]. Offen sind ferner das Transportwesen und Fernverbindungen, die Finanzregelung, der Verwaltungsgerichtshof mit einer autonomen Sektion für die Provinz Bozen, das Kreditwesen, die Sozialversicherung, Industrie und Bergbau, Handwerk, Handel, Enteignung und allfällige weitere Delegierungen auf dem Grundbuchssektor.

2. Gesetzliche Maßnahmen (4. Abschnitt, 106 - 120): Maßnahme 111 des Pakets: Änderung der Wahlkreise für die Senatswahlen; teilweise Maßnahme 112: Übertragung von Planungszuständigkeiten (hier soll die italienische Gesamtregelung auf dem Gebiet der Wirtschaftsprogrammierung abgewartet werden); Maßnahme 118: Einrichtung von Gemeindebetrieben für die Verteilung von Elektroenergie.

Nach Durchführung aller Maßnahmen sieht Pkt. 12 des Operationskalenders den — endgültigen — Übergang der Ämter und des Personals von der Region auf die Provinz entsprechend den neuen Kompetenzen der Provinz vor. Die Novelle des Sonderstatuts für die Region Trentino-Südtirol normiert allerdings[35], daß — von ausdrücklichen Abweichungen abgesehen — die Gesetzesdekrete, die die Durchführungsbestimmungen zum Statut enthalten, innerhalb von zwei Jahren nach Inkrafttreten der Statuts-Novelle[36] zu erlassen sind. Wegen der vorzeitigen Parlamentsauflösung und der Parlamentswahlen vom 7. 5. 1972 wurde die Zwölferkommission 4½ Monate später als vorgesehen eingesetzt, wodurch diese in Zeitnot geriet und ihre Beratungen — und zwar einvernehmlich zwischen der italienischen Regierung und den Südtirolern, wogegen sich Österreich nicht gestellt hat[37] — über den 20. 1. 1972 um 6 Monate ausdehnen wollte. Auch dieser Termin konnte (nach wie vor einvernehmlich) *nicht* gehalten werden[38]; eine Prognose mit einem Minimum an Seriosität über den Zeitpunkt des erfolgreichen endgültigen Abschlusses ist derzeit nicht möglich.

---

[34] s. T. T. 31. 7. 1974, 2; *Benedikter,* in: Vorarlberger Nachrichten 27. 8. 1974, 2. Zum Wirtschafts- und Finanzsektor s. unten.

[35] s. Art. 58 des Verfassungsgesetzes v. 10. 11. 1971, Nr. 1, G. U. 1972/3, Art. 108 des neuen Einheitstextes G. U. 1972/301.

[36] Da das Statut am 20. 1. 1972 in Kraft getreten ist, wären die Dekrete bis spätestens 20. 1. 1974 zu erlassen gewesen.

[37] s. Anfragebeantwortung des österreichischen BMAA II-3207 BlgNR 13. GP (30. 1. 1974); T. T.: 3. 1. 1974, 2; 11. 2. 1974, 2. Als Zeichen der Unbelastetheit des italienisch-österreichischen Verhältnisses können neben dem Besuch des österreichischen Bundespräsidenten in Rom (November 1971) die Besuche des italienischen Außenministers in Wien (dazu dessen Vortrag in ÖZAP 1973, 54 ff.) und des österreichischen Außenministers in Rom gewertet werden.

[38] s. T. T. 26. 7. 1974, 2. s. jedoch jüngst etwas kritischer T. T. 17. 10. 1974, 2; 21. 10. 1974, 2; 5. 12. 1974, 2; 21. 1. 1975, 2; 6. 5. 1975, 2.

Das Wissen um diese Entwicklung ist deshalb von Bedeutung, weil darin eine der Wurzeln — und zwar wohl die wichtigste — für ein gewisses Nachhinken der inneren Struktur des Verwaltungsaufbaues Südtirols gegenüber den von der Fülle der Aufgaben aufgezwungenen Notwendigkeiten gelegen ist. Da sich die politische Spitze der Verwaltung stark mit Detailarbeit überlastet, diese Arbeit derzeit aber noch immer zu einem wesentlichen Teil „nach außen", also in der Auseinandersetzung mit Rom[39] und in der Kontaktnahme mit Tirol und Österreich zu leisten ist, bleibt für neue Anstöße in der Landesverwaltung zu wenig Zeit und Energie.

---

[39] Diese Arbeit wird ohne Zweifel auch in Zukunft immer zu leisten sein — nur eben nicht im gegenwärtigen Ausmaße und mehr als bisher auf Beamtenebene.

3. Rechtsgrundlagen der Südtiroler Autonomie

Gemäß Art. 114 der italienischen Verfassung[40] gliedert sich die Republik Italien in Regionen, Provinzen und Gemeinden, wobei es sich um *autonome* Körperschaften[41] handelt. Bestimmten Regionen[42], insbesondere auch der Region Trentino-Südtirol (vordem: Trentino-Tiroler Etschland bzw. Oberetsch) werden im Hinblick auf spezifische Probleme in den jeweiligen Gebieten gemäß Art. 116 der Verfassung besondere Formen und Arten der Autonomie mit Sonderstatut verliehen. Das novellierte Statut der Region Trentino-Südtirol[43, 44] hebt nun nicht mehr nur die Autonomie der Region (Art. 1 Statut und ET), sondern auch jene der Provinzen Trient und Bozen besonders hervor (Art. 3 des Statuts und des ET)[45].

3.1. Die Provinzialorgane und ihre Aufgaben

Die Organe der Provinz Bozen[46] sind gemäß Art. 41 des Statuts bzw. 47 des ET der Landtag, der Landesausschuß[47] und sein Präsident (Lan-

---

[40] Hinweise FN 7.

[41] s. allgemein Art. 115 (Regionen) und Art. 128 (Provinzen und Gemeinden) der italienischen Verfassung (im folgenden: Verf.).

[42] s. die Aufzählung in Art. 131 der Verf.

[43] Zitate in FN 15 und 28. Da bis dato der deutsche Text nur in der Fassung von 1948 allgemein zugänglich ist, im Einheitstext aber die Numerierung der einzelnen Artikel völlig neu (Durchzählung!) erfolgte, werden im folgenden jeweils 2 Artikelbezeichnungen erfolgen. Das Zitat *Statut* bedeutet das Statut in der Fassung der Novellen G. U. 1972/3 und 63, das Zitat *ET* (Einheitstext) bedeutet die Fassung gemäß Dekret des Präsidenten G. U. 1972/301.

[44] Bei Korrektur dieser Arbeit ist der neue Einheitstext des Statuts immer noch *nicht* in *deutscher* Sprache im ABlR veröffentlicht gewesen. Der Autor verwendete den ihm liebenswürdigerweise von Frau Hofrat Dr. *Stadlmayer* zur Verfügung gestellten, auf grund diverser Vorarbeiten bis etwa Mai 1973 redigierten (inzwischen allerdings veränderten) unverbindlichen Übersetzungsentwurf des Verfassungsgesetzes vom 10. 11. 1971, Nr. 1 (G. U. 1972/3) sowie den von der *AGI* (Nachrichtenagentur Italia), deutscher Sonderdienst, Sonderbeilage, Nr. 3, 22. Jg., 20. 1. 1972, veröffentlichten Text des Statuts, der allerdings schon rein technisch erhebliche Mängel aufweist.

[45] Zur Südtiroler Autonomie s. — soferne vor der Reform veröffentlicht allerdings in Einzelheiten überholt — Hinweise in FN 2 (dort jeweils umfassende Bibliographien), FN 7 und 8 sowie den Großteil der in FN 46 zitierten Werke zum italienischen Verwaltungsrecht.

[46] Zu den Organen s. — allerdings ebenso mit dem in FN 45 angemeldeten Vorbehalt — die Werke a) zum italienischen Verfassungsrecht (FN 7); b) zum

deshauptmann); sie sind durch die Novelle zum Statut nur unwesentlich — und zwar was die Zusammensetzung des Landtags und des Landesausschusses betrifft — verändert worden.

3.1.1. Der Südtiroler Landtag

Der Landtag der Provinz Bozen setzt sich aus den Mitgliedern des Regionalrates dieser Provinz zusammen (Art. 42 Statut, Art. 48 ET), wobei nunmehr die Zahl der Regionalratsabgeordneten mit 70 fixiert ist (Maßnahme 49 des Pakets — Art. 19 Statut, Art. 25 ET)[48]. Dies trifft

---

Problemkreis Südtirol (FN 2), wie etwa *Fenet*, Question (FN 2), 142 ff.; *Pizzorusso*, Minoranze I (FN 2), 479 ff. usw.; c) zum italienischen Verwaltungsrecht im allgemeinen wie beispielsweise *Alessi*, Sistema istituzionale del diritto amministrativo italiano[2], Milano 1958; *derselbe*, Principi di diritto amministrativo[2], 2 Bde., Milano 1971, Nachtrag 1972; *Zanobini*, Corso di diritto amministrativo III[6], Milano 1958; *Lessona*, Introduzione al Diritto Amministrativo e sue strutture fondamentali, Bologna 1960; *Giannini*, Diritto amministrativo, 2 Bde., Milano 1970; *Landi / Potenza*, Manuale di diritto amministrativo, Milano 1971; *Treves*, L'organizzazione amministrativa, Torino 1971. Vgl. ferner etwa auch zu einigen Aspekten die Arbeiten von *Amorth*, *Mazarolli* und *Italia*, in: Atti del congresso celebrativo del centenario delle leggi amministritive di unificazione III/2 (Le province), Milano 1968; *Berti*, Caratteri dell'amministrazione communale e provinciale, Padova 1969; *Gutmann*, Le funzioni amministrative tipiche della provincia di Bolzano con particolare riferimento alle innovazioni previste dal disegno di legge costituzionale n. 2216 del 19 gennaio 1970, rechtsw. Diss. Padua 1971; als Vergleich zu den ähnlich geregelten Organen der Region jüngst *Tomuschat*, Italien (FN 7), 177 ff. Beachte auch die — äußerlich aufwendige — Reihe *Autonome* Provinz Bozen-Südtirol, Informationsschrift des Landtages und der Landesregierung, derzeit Heft 8 (Doppelnummer 2/3). Was die *Region* Trentino-Südtirol betrifft, enthält das Statut in etwa analoge Organe und Regelungen, die insbesondere auf die Berücksichtigung der einzelnen Volksgruppen Bedacht nehmen. Eine nähere Erörterung kann in diesem Rahmen nicht erfolgen.

[47] Auch als Provinz — bzw. Provinzialausschuß, aber auch als Landesregierung bezeichnet; im italienischen: Giunta provinciale.

[48] Vordem war auf je 15 000 bzw. mehr als 7500 Einwohner ein Regionalratsmitglied entfallen; das waren auf Grund des Volkszählungsergebnisses 1961 (Fundstellen weiter u.) von 373 863 Einwohnern für die Provinz Bozen 25 Regionalratsabgeordnete dieser Provinz für den Regionalrat von Trentino-Südtirol, während auf die Provinz Trient 27 Regionalratsabgeordnete entfallen waren [s. z. B. Der Landtag, oberstes Organ des autonomen Landes, in: Autonome Provinz Bozen-Südtirol 2/3 (1971) 6 ff.; Die VI. Legislaturperiode im Landtag, in: Autonome Provinz Bozen-Südtirol 6 (1973), 6; *Jahrbuch* der Region Trentino-Südtirol 1971 - 1972, 8 ff.; T. T. 21. 5. 1973, 2 und 10. 8. 1973, 7]; dadurch war die Majorisierung der deutschen Volksgruppe im Regionalrat möglich (der Region waren ursprünglich die viel bedeutsameren Aufgaben zur Besorgung übertragen als der Provinz), da zu den italienischen Abgeordneten aus der Provinz Trient solche aus der Provinz Bozen hinzukommen, somit ein guter „Polster" gegeben war und ist. In der 6. Legislaturperiode (Wahlen zum Regionalrat und damit auch zum Landtag fanden statt: 1948, 1952, 1956, 1960, 1964, 1968 und 1973), d. i. die Zeit von 1968 - 1973, gehörten dem Südtiroler Landtag 15 Angehörige der deutschen, 9 Angehörige der italienischen und 1 Angehöriger der ladinischen Volksgruppe an.

3.1. Die Provinzialorgane und ihre Aufgaben

gemäß Art. 19 des Statuts bzw. Art. 25 ET auf Grund des Volkszählungsergebnisses von 1971 nunmehr auf die Provinz Bozen 34 und auf die Provinz Trient 36 Abgeordnete (Art. 2 DPRA 3. 10. 1973 Nr. 1008/A, ABlR 1973/43). Weiters sind folgende Neuerungen zu beachten[49]:

Zur Ausübung des aktiven Wahlrechts ist nach dem novellierten Art. 19 des Statuts bzw. Art. 25 ET (Verwirklichung der Maßnahme 50 des Paketes) die Ansäßigkeit in der Region in einem Zeitraum von *vier* Jahren[50] erforderlich; den Ladinern ist auf alle Fälle ein Sitz gesichert (Maßnahme 91 des Pakets — Art. 54 b des Statuts bzw. Art. 62 ET)[51]; Verlängerung der Legislaturperiode von vier auf fünf Jahre (Art. 27 ET)[52] sowie schließlich die Notwendigkeit der Kandidaten, sich vor der Wahl über die Sprach- (Volks-)gruppenzugehörigkeit zu erklären[53]. Die letzten Regionalratswahlen vom 18. 11. 1973 (mit denen dank der rechtlichen Konstruktion in einem auch über die Zusammensetzung des Landtages entschieden wird) brachte in Südtirol folgende Mandatsverteilung (in Klammer 1968)[54]:

---

[49] s. neben den zitierten Verfassungsbestimmungen jeweils auch Dekret des Präsidenten der Republik 1. 2. 1973, Suppl. ord. G. U. 1973/84 (FN 30) sowie die Bestimmungen des Regionalratswahlgesetzes 20. 8. 1952 Nr. 24, ABlR 1952/18, unter Berücksichtigung insbesondere der Novelle RG 23. 7. 1973 Nr. 9, ABlR 1973/33.

[50] Vor der Novelle bestand eine „kann" — (also Ermessens-)Bestimmung des Art. 19 des Statuts; ferner durfte nur eine Seßhaftigkeit von höchstens 3 Jahren gefordert werden.

[51] Maßgeblich ist die höchste Zahl der Vorzugsstimmen. Vor der Novelle des Statuts bestand keine gesetzliche Garantie; tatsächlich hatte die SVP jedoch dafür gesorgt. Im Anschluß an die Wahlen vom 18. 11. 1973 ergaben sich jedoch diesbezüglich längerandauernde Auszählungsschwierigkeiten. Beachte *Pizzorusso*, La „garanzia" del gruppo linguistico ladino nel Consiglio regionale e nel Consiglio provinciale di Bolzano, Le regioni 1973/6.

[52] Eine besondere demokratische Gesinnung kann in diesem Akt der Verlängerung der Legislaturperiode nicht erblickt werden; Änderung durch Verfassungsgesetz 23. 2. 1972 Nr. 1, G. U. 1972/63; s. neben Art. 27 ET auch Art. 49 ET betreffend den Vorsitz im Landtag sowie die beiden in FN 30 angeführten DP Republik (Dauer statt der bisherigen ersten Zweijahresperiode: 30 Monate). Das RegionalratswahlG (FN 49) hat auf die 5 Jahre Bedacht genommen; die Novelle (durch RG 23. 7. 1973 Nr. 10, ABlR 1973/33) zum RG 20. 8. 1952 Nr. 25, betreffend die Wahl der Organe der Region und Provinzen Trient und Bozen [dieses RG wie das WahlG zu finden etwa im *Gesetzbuch* der Region (FN 7)] hat jedoch den maßgeblichen, den Vorsitz betreffenden Art. 20 *nicht* novelliert.

[53] s. Art. 22 der Regionalratswahlgesetznovelle 23. 7. 1973 Nr. 9, ABlR 1973/33, womit Art. 20 des WahlG (FN 49) i. d. F. des Art. 10 RG 18. 6. 1964 Nr. 23, novelliert wird. Bis dahin war Art. 8 der Geschäftsordnung des Landtages vom 18. 12. 1954 (im folgenden: GO) maßgeblich, die unter Hinweis auf Art. 9 der GO des Regionalrates die nachherige Abgabe einer entsprechenden Erklärung in Abschrift an das Präsidium vorsah. Derzeitige Fassung der GO laut Beschluß 5. 3. 1961 sowie gemäß den Berichten 7. 3. 1973 und 6. 5. 1974.

[54] s. im einzelnen T. T.: 20. 11. 1973, 2; 21. 11. 1973, 2; 26. 11. 1973, 2; NZZ Fernausgabe Nr. 319 vom 22. 11. 1973, 3; Autonome Provinz Bozen-Südtirol 7 (1974), 7. Dem Landtag gehören 2 Frauen an (SVP).

3. Rechtsgrundlagen der Südtiroler Autonomie

Deutsche Volksgruppe:
- SVP : 19 (15) plus jeweils 1 Ladiner
- SPS (Dietl) : 2 (nicht kandidiert)
- SFP (Jenny) : 1 (0)
- PCI (Kommunisten) : 1 } PCI insgesamt 2 (1)

Italienische Volksgruppe:
- PCI (Kommunisten) : 1
- MSI : 1 (1)
- PSDI : 1 } (2)
- PSI : 2
- DC : 5 (4)

Ladinische Volksgruppe:
- SVP : 1 (1)

Das Statut umschreibt nicht — wie dies hinsichtlich des Regionalrates der Fall ist[55] — die Aufgaben des Landtages in einer Generalklausel. Dennoch kann als dessen Hauptaufgabe die *Gesetzgebung* angesehen werden[56]. Sie kann im Rahmen eines Berichtes über die *Verwaltung* — abgesehen von ihren Produkten, den Landesgesetzen[57] — nicht interessieren[58]. Hingegen ist für den gegebenen Zusammenhang von Bedeutung[59]: Der Landtag wählt gemäß Art. 44 des Statuts (Art. 50 ET) *aus seiner Mitte* den Landesausschuß (einschließlich seines Präsidenten = Landeshauptmannes) und übt — ohne ausdrückliche Basis im Statut — auf Grund der GO (Art. 84 bis 101) eine *politische Kontrolle* über Regierung und Verwaltung aus. Wenn auch die Verwaltung Südtirols daneben noch einem dichten Netz von anderen, insbesondere von *Rechtskontrollen* unterworfen ist[60], handelt es sich doch bei der

---

[55] s. Art. 20 des Statuts bzw. Art. 26 ET: „Der Regionalrat übt die der Region zugeteilte gesetzgebende Gewalt und die anderen ihm von der Verfassung, vom vorliegenden Statut und von den anderen Staatsgesetzen übertragenen Befugnisse aus." Art. 43 des Statuts bzw. Art. 49 ET nennt Art. 20 bzw. Art. 26 ET *nicht* für den Landtag als sinngemäß anwendbar.

[56] Beachte insbesondere Art. 49 des Statuts (Art. 55 ET).

[57] s. dazu weiter unten bei der jeweiligen Sachmaterie.

[58] Beachte jedoch vor allem Art. 49 ET über den Wechsel des Präsidenten während der Legislaturperiode auf Grund der Volksgruppenzugehörigkeit (Hinweise FN 52).

[59] s. zum folgenden neben der GO im einzelnen auch das RG betreffend die Wahl der Organe der Region und der Provinzen Trient und Bozen i. d. F. der Novelle 1973 (Zitate FN 52) sowie folgende Berichte: Der Landtag, oberstes Organ des autonomen Landes (FN 48); Das Landtagspräsidium, in: Autonome Provinz Bozen-Südtirol 2/3 (1971), 8; Landtagsgruppen und Gesetzgebungskommissionen, in: detto, 9 ff.; Der Landtag als Organ der politischen Führung und Überwachung der Verwaltung, in: detto, 18; Die VI. Legislaturperiode im Landtag, in: Autonome Provinz Bozen-Südtirol 6 (1973), 6 (mit Statistik über die Gesetzgebungstätigkeit).

3.1. Die Provinzialorgane und ihre Aufgaben

politischen primär um jene, die Maßstab für eine *demokratische* Verwaltung sein kann. Art. 84 der GO nennt als Mittel dieser politischen Kontrolle die Anfragen, die Interpellationen und die „Beschlußanträge"[61]. Innerhalb der „Beschlußanträge" finden die Vertrauens- und Mißtrauensanträge eine besondere Regelung (Art. 97 und 98 GO). Wenn das Statut auch diesbezüglich mit Ausnahme der zentralen Einrichtung der Abberufung vom Amt (s. Art. 45 in Verbindung mit Art. 32 des Statuts bzw. Art. 51 in Verbindung mit Art. 38 ET) schweigt, kann auf Grund der Regelungen der GO — auf deren verfassungsrechtliche Beurteilung hier im einzelnen allerdings nicht eingegangen werden kann — davon ausgegangen werden, daß in Südtirol von der Rechtsordnung aus betrachtet ein weithin ausgebildetes parlamentarisches Regierungssystem besteht: Es sind 2 Typen von Interpellationen vorhanden; bei den Beschlußanträgen handelt es sich der Sache nach zum einen um Resolutionen, zum anderen um die Möglichkeit des Vertrauens- bzw. Mißtrauensvotums; darüber hinaus bieten die Beschlußanträge zumindest in mancher Beziehung Ansätze für das sogenannte Enquêterecht[62].

Für eine effiziente politische Kontrolle sprechen folgende Gegebenheiten:

Die Verwaltung des Landtages ist völlig unabhängig von der Landesregierung und dem ihr unterstellten Verwaltungsapparat[63]. Derzeit umfaßte sie 19 Bedienstete[64], an der Spitze den Sekretär des Landtages und der Landtagsämter. Der Landtag besitzt eine eigene Buchhaltung, ein eigenes Budget (1974: 186 Mill.; 1975: 259 Mill. Lire), einen eigenen — wie die GO ausdrückt (Art. 103) — „guten"[65] Übersetzungs-

---

[60] s. die Hinweise weiter u.

[61] Einzelheiten dazu enthalten die Art. 85 - 90 (Anfragen), Art. 91 - 94 (Interpellationen), Art. 95 - 99 (Beschlußanträge) und Art. 100 f. (gemeinsame Bestimmungen für die genannten Kontrollmittel).

[62] Von besonderem Interesse dabei ist, daß mit Zustimmung des Landtages auch Angelegenheiten den Gegenstand von Anfragen, Interpellationen und Beschlußanträgen bilden können, für die die Provinzorgane *nicht* zuständig sind [Art. 100 GO sowie Der Landtag als Organ der politischen Führung und Überwachung der Verwaltung (FN 59)]; hier dienen die angeführten Mittel dann selbstverständlich anderen Zwecken als der üblichen politischen Kontrolle, für welche die Zuständigkeit im allgemeinen als Voraussetzung angesehen werden kann (s. *Morscher*, Die parlamentarische Interpellation, SÖR 208, Berlin 1973).

[63] Hingegen besteht etwa in den österreichischen Bundesländern zum Großteil eine enge Verfilzung beider Bereiche bzw. fast hundertprozentige Personalunion — u. a. ein Grund für die Schwäche der österreichischen Länderparlamente.

[64] 1973 waren es noch 12 Bedienstete gewesen; zu Aufstockungsmöglichkeiten s. Seite 67 f.

[65] Der italienische Text spricht allerdings von einem „*efficiente* servizio di traduzione".

dienst[66] sowie die Möglichkeit der Benützung der sehr guten Bibliothek des Regionalrates.

Als hemmend für die Ausübung der politischen Kontrolle[67] erweisen sich demgegenüber neben der allgemein dem Parlamentarismus und seiner Kontrolle nicht günstig gesinnten Entwicklung[68] folgende Daten: Jedenfalls bis zur VI. Legislaturperiode (1968 - 1973)[69] lag das Verhältnis der zu einem Regierungsamt berufenen zu den „einfachen" Landtagsabgeordneten überaus ungünstig: von 25 Abgeordneten gehörten 11 dem Landesausschuß an, so daß für die „Kontrolle" nur mehr 14 Abgeordnete überhaupt ernstlich in Frage kamen. Diese Relation sowie der an sich kleine überblickbare Kreis von Beteiligten, in welchem in der Tat jeder jeden kennt, lassen echte Kontrolle höchstens sporadisch verwirklichen[70]. Vor einer Umsetzung des Volksgruppen-Dualismus in parlamentarische Kontrolle, die an sich von der Effizienz her sicher bejaht werden könnte, müßte indessen wegen ihrer gefährlichen Desintegrationswirkung entschieden gewarnt werden.

Ein weiteres Hemmnis für effiziente Kontrolle bildet — allerdings zugunsten einer Integrationsmöglichkeit der Volksgruppen — die verfassungsmäßig (Art. 44 des Statuts — Art. 50 ET) vorgeschriebene, dem ethnischen Proporz des Landtages entsprechende Zusammensetzung des Landesausschusses sowie speziell das erstmals 1970[71] abgeschlos-

---

[66] Die Landesverwaltung besitzt *keinen* solchen.

[67] Nach freundlicher Mitteilung des Sekretariats ergibt sich folgende Kontrolltätigkeit: Interpellationen und Anfragen V. LegP: 104; VI.: 176; VII. bis 1.10.1974: 40. Beschlußanträge (genannt „Tagesordnung"): eingebracht *und* behandelt V. LegP: 2; VI.: 25 (eingebracht 74); VII. bis 1.10.1974: 2 (eingebracht 17).

[68] s. etwa *Morscher*, Interpellation (FN 62).

[69] Durch die Erhöhung der Zahl der Abgeordneten von 25 auf 34 (FN 48) kann in der hier behandelten Richtung eine gewisse Verbesserung angenommen werden.

[70] Zu jener Zeit (vor Verwirklichung des Pakets), als die deutschsprachige Volksgruppe die Mitarbeit in der Regionalregierung verweigerte (ab 1959; für die 6. Legislaturperiode s. Dekret des Präsidenten des Regionalausschusses [DPRA] 21.2.1969 Nr. 1, ABlR 1969/9), reagierten die Assessoren der italienischen Volksgruppe mit der Nichtübernahme von Sachgebieten im Landesausschuß (s. Dekret des Präsidenten des Landesausschusses Bozen [DPLAB] 24.2.1969 Nr. 13 und 5.3.1969 Nr. 16, ABlR 1969/12; ihre Wahl zu Assessoren erfolgte jedoch im Hinblick auf Art. 44 des Statuts); Hinweise Die Landesregierung in der sechsten Legislaturperiode, in: Autonome Provinz Bozen 1 (1971), 6; Die Südtiroler Landesregierung in der Legislaturperiode 1969 - 1973, in: Autonome Provinz Bozen-Südtirol 6 (1973), 12 f. Damals hätte sich natürlich in besonderer Weise eine auf ethnischen Gegensätzen aufgebaute Kontrolle angeboten; zu deren Gefährlichkeit s. Text oben.

[71] Übernahme von Sachgebieten durch die Assessoren der italienischen Volksgruppe.

3.1. Die Provinzialorgane und ihre Aufgaben

sene, 1973/74 erneut ausgehandelte „Programm", das zumindest im Ansatz einem Koalitionspakt[72] gleichkommt.

Ferner ist die Doppelbelastung der Abgeordneten (sie gehören nicht nur dem Landtag, sondern gleichzeitig auch dem Regionalrat an) ein nicht zu unterschätzender Faktor für ein Kontrolldefizit.

Schließlich macht sich in dieser Beziehung auch das Fehlen eines — selbstverständlich an die Größenordnung des Landes und seiner Verwaltung angepaßten — wissenschaftlichen Hilfsdienstes für den gesamten Landtag und eines fraktionellen Hilfsdienstes[73] negativ bemerkbar.

Es darf nicht übersehen werden, daß das damit verbundene Kontroll- und damit Demokratiedefizit nicht ohne Rückwirkung auf das Ansehen der Verwaltung in einer sich in starker Umstrukturierung befindlichen Gesellschaft, insbesondere etwa in Kreisen der studentischen Jugend und der jüngeren Beamtenschaft selbst ist.

3.1.2. Der Landesausschuß und dessen Präsident

3.1.2.1. Der Landesausschuß (Landesregierung)

Der *Landesausschuß* von Bozen besteht nunmehr (Verwirklichung der Maßnahmen 75 des Pakets)[74] aus dem Präsidenten, aus zwei Vizepräsidenten sowie aus wirklichen Assessoren (Landesräten) und Ersatzassessoren; sie werden vom Landtag in geheimer Abstimmung mit absoluter Mehrheit aus seiner Mitte gewählt. Die Zusammensetzung des Landesausschusses muß (dies schon auf Grund des Statuts aus 1948) der Stärke der Sprachgruppen im Landtag angepaßt sein. Von den Vizepräsidenten gehört der eine der deutschen, der andere der italienischen Sprachgruppe an. Die Aufgaben des Landesausschusses[75] sind in einem Katalog zusammengestellt (Art. 48 des Statuts, Art. 54 ET),

---

[72] Zitate s. im Abschnitt 3. 1. 2. über den Landesausschuß. Zur zugrundeliegenden Problematik allgemein *Schüle*, Koalitionsvereinbarungen im Lichte des Verfassungsrechts, Tübingen 1964; *Naßmacher*, Das österreichische Regierungssystem. Große Koalition oder alternierende Regierung?, Köln und Opladen 1968. Ein erheblicher Unterschied besteht allerdings darin, daß in Südtirol das Statut eine (ethnisch) proporzmäßige Zusammensetzung der Regierung zwingend vorschreibt.

[73] Vielsagend der Bericht der 3. Gesetzgebungskommission zum Budget 1975, 4: „Die Kommission empfiehlt, den einzelnen Landtagsabgeordneten zur Aufbewahrung von Unterlagen und Schriftstücken eigene Schränke zur Verfügung zu stellen. Ebenso empfiehlt die Kommission, jeder Landtagsfraktion einen eigenen Raum und eine Schreibkraft zur Verfügung stellen zu wollen."

[74] s. Art. 44 Statut, Art. 50 ET. Entsprechendes gilt auch für den *Regionalausschuß* (Art. 30 des Statuts, Art. 36 ET).

[75] Hinsichtlich der davon abgegrenzten Befugnisse des Präsidenten des Landesausschusses (= Landeshauptmannes) s. 3.1.2.2.

der allerdings in Pkt. 6 eine Blankettnorm enthält, indem er auf die „übrigen Obliegenheiten, die der Provinz durch dieses Gesetz oder durch andere Gesetze der Republik oder der Region übertragen werden"[76] verweist. Ausdrücklich wird angeführt die Zuständigkeit zur Verordnungserlassung (Pkt. 1: Ausführungsverordnungen zu Provinzialgesetzen; Pkt. 2: Verordnungen in Sachgebieten, die in die Verordnungsgewalt der Provinz fallen), „die Verwaltungstätigkeit hinsichtlich der Angelegenheiten, die Belange der Provinz betreffen", Vermögensverwaltung, Aufsicht über Gemeinden und bestimmte Einrichtungen sowie Erlassung von dem Landtag zur Behandlung übertragener Maßnahmen im Falle der Dringlichkeit. Beim Landesausschuß handelt es sich also von der Rechtordnung her — wie auch bei seinem Präsidenten — um ein Vollzugsorgan, das dem politischen Führungsorgan Landtag verantwortlich ist. Das hindert jedoch nicht, daß auch in Südtirol wie überall anders die tatsächliche politische Führung beim Landesausschuß (= Landesregierung) und insbesondere bei seinem Präsidenten liegt[77].

3.1.2.2. Der Landeshauptmann (Präsident des Landesausschusses)

Eine besondere Stellung nimmt der Präsident des Landesausschusses (= Landeshauptmann) ein, bei dem es sich einerseits um ein monokratisches Organ, andererseits um ein Mitglied des Kollegialorganes „Landesausschuß" handelt. Als monokratischem Organ[78] obliegt ihm (s. Art. 46 des Statuts bzw. Art. 52 ET) die Vertretung der Provinz, die Erlassung bestimmter dringlicher Maßnahmen auf dem Gebiet des Sicherheits- und öffentlichen Gesundheitswesens, die Verteilung der Agenden unter die Mitglieder des Landesausschusses sowie die Beteiligung an den Sitzungen des Ministerrates in Rom, wenn Fragen behandelt werden, die die Provinz betreffen[79] und schließlich (Art. 47 des Statuts,

---

[76] Ausgenommen selbstverständlich die anderen Organen übertragenen Angelegenheiten.

[77] Diese Aussage bezieht sich selbstverständlich nur auf das Verhältnis der provinzialen Organe zueinander; auf die Relevanz der politischen Parteien und Verbände (dazu einige Hinweise weiter u.) kann hier nicht eingegangen werden; vgl. jedoch zu ersteren allgemein *Trappe*, Die verfassungsrechtliche Stellung der politischen Parteien in Italien, JBÖffR NF 18 (1969), 150 ff.; zu den Interventionsformen der letzteren — allerdings im Gesetzgebungsverfahren, das jedoch auch die Vorbereitung durch die Exekutive erfaßt — *La Palombara*, Interessengruppen und Gesetzgebung in Italien, PVS 4 (1963), 386 ff. sowie die dort angekündigte, inzwischen erschienene Arbeit *desselben* Autors; *Treves*, L'organizzazione amministrativa, Mailand 1964, 194 ff.

[78] Zur Bestellung, Verantwortlichkeit usw. s. oben 3.1.1., 3.1.2.1. und unten 3.1.2.3.

[79] Verwirklichung der Maßnahme 53 des Südtirolpaketes. Vorher war eine entsprechende Möglichkeit gemäß Art. 34 des Statuts (nunmehr Art. 40 ET)

3.1. Die Provinzialorgane und ihre Aufgaben

Art. 53 ET) die Verlautbarung der vom Ausschuß beschlossenen Verordnungen mittels eigenem Dekret.

3.1.2.3. Struktur des Landesausschusses

In der VI. Legislaturperiode (1968 - 1973)[80] bestand der Landesausschuß aus insgesamt 11 Mitgliedern, darunter zwei Ersatzassessoren, wobei zunächst die Assessoren und der Ersatzassessor der italienischen Volksgruppe keine Sachgebiete übernahmen[81]. Nach Wiedereintritt der SVP in die Regionalregierung[82] auf Grund der Paketeinigung und der von Italien gesetzten Schritte beteiligten sich die Genannten der italienischen Volksgruppe an der Regierung in Bozen. Aus diesem Anlaß fand im Mai 1970 eine Regierungsumbildung statt[83], der erstmalig in Südtirol der Abschluß eines „politischen Programms"[84] vorangegangen war.

Nach den Wahlen vom 18. 11. 1973[85] kam es zu intensiven Diskussionen über die Art der Berücksichtigung des ethnischen Proporzes im Landesausschuß[86]. Dafür waren 2 Komponenten maßgebend: Bis zur Volkszählung 1961 war eine Aufschlüsselung der Südtiroler Bevölkerung nach Sprachgruppen[87] nicht erfolgt, weshalb bis Mitte der Sechziger Jahre immer nur der ethnische Proporz des Landtages maßgeblich

---

nur dem Präsidenten des *Regional*ausschusses in Regionalfragen offengestanden.

[80] Wahlen am 17. 11. 1968, 1. Sitzung des Landtages am 15. 12. 1968, Wahl des Landesausschusses am 17. 2. 1969.

[81] s. im einzelnen die Zitate in FN 70.

[82] DPRA 15. 5. 1970 Nr. 2, ABlR 1970/22; DPRA 29. 5. 1970 Nr. 1420/A (Ersatzassessor), ABlR 1970/27; s. zur weiteren Entwicklung auf Regionalebene folgende DPRA: 23. 6. 1972 Nr. 4, ABlR 1972/33; 16. 1. 1973, Nr. 1 und 2, ABlR 1973/8; 20. 2. 1973 Nr. 3, ABlR 1973/16.

[83] DPLAB 19. 5. 1970 Nr. 17, ABlR 1970/32, in der Folge mehrfache Korrekturen (insbesondere am 26. 5. 1972 Wahl der beiden Vizepräsidenten durch den Landtag), zuletzt durch DPLAB 6. 2. 1973 Nr. 3, ABlR 1973/16, sowie nach der Regionalratswahl 26. 2. 1974 Nr. 859, ABlR 1974/12.

[84] s. FN 72. Dieses Programm ist zu finden: Das politische Programm für die 6. Legislaturperiode, in: Autonome Provinz Bozen 1 (1971), 13 ff.; s. auch Fünf Jahre „linke Mitte" in Südtirol, T. T. 14. 11. 1973, 2.

[85] s. FN 54.

[86] Vgl. T. T. 24. 11. 1973, 2 und 1. 3. 1974, 2. Gleichzeitig stand auch der ethnische Proporz bei der Besetzung der öffentlichen Ämter der Provinz zur Diskussion; zu diesem Problem Hinweise u.

[87] So der Sprachgebrauch; der Sache nach handelt es sich um ethnische bzw. Volksgruppen, (welch letztere Begriff allerdings insbesondere durch die NS-Ära in Mißkredit geraten ist). s. dazu die mehrfach zitierten Arbeiten von *Veiter* sowie *Pan*, Südtirol als volkliches Problem, Ethnos 9, Wien - Stuttgart 1971. Der nicht einheitliche Gebrauch der Begriffe in Gesetzen und offiziösen Äußerungen bedingt auch einen unterschiedlichen Gebrauch in diesem Bericht.

sein konnte[88]; dies hatte sich auch voll eingespielt. Demgegenüber hätte — jedenfalls abstrakt; die Verfassungslage sieht jedoch anders aus — bei der Regierungsbildung 1973/74 auch auf die Ergebnisse der Volkszählung zurückgegriffen werden können. Besondere Bedeutung erlangte dabei der Umstand, daß Art. 89 Abs. 3 ET für die staatlichen Stellen den Proporz gemäß der Volkszählung für verbindlich erklärt.

Als auslösendes politisches Element trat jedoch hinzu, daß von den 2 von der KP errungenen Sitzen im Südtiroler Landtag einer von einem Angehörigen der deutschen Volksgruppe eingenommen wird, was nach Ansicht der „italienischen Parteien" im Hinblick darauf, daß die KP immer als „italienische Partei" betrachtet wurde im Verhältnis zum Volkszählungsergebnis zu starken Verzerrungen führt.

So sehr nun dieser Auffassung Gewicht beizumessen ist, die SVP sah darin zwar z. T. eine Gefährdung ihres Standpunktes bei den bei der Zwölferkommission in Rom anhängigen Verhandlungen über die noch offene Frage der Besetzung der staatlichen und halbstaatlichen Ämter, konnte sich im übrigen aber bequem auf den Wortlaut des Art. 44 des Statuts bzw. des Art. 50 ET berufen, der ja für die Zusammensetzung des Landesausschusses die Stärke der Sprachgruppen im *Landtag* als maßgeblich erklärt. Nach abermaliger Einigung über ein Grundsatzprogramm[89] wurde am 15. 3. 1974 für die VII. Legislaturperiode der neue Landesausschuß gewählt[90], der sich nunmehr aus neun wirklichen Assessoren (davon, und das gilt auch für die folgenden Hinweise, 2 Vizepräsidenten) zuzüglich des Präsidenten und dreier Ersatzassessoren, insgesamt also aus 13 Mitgliedern zusammensetzt, wobei 9 Mitglieder (7 Assessoren einschließlich des Präsidenten sowie 2 Ersatzassessoren) der deutschen, 4 Mitglieder (3 Assessoren und 1 Ersatzassessor) der italienischen Volksgruppe angehören. Gegenüber der VI. GP erfolgte demnach eine Vergrößerung um einen Assessor und einen Ersatzassessor. Bedenklich an der Entwicklung insgesamt ist nur, daß über die optimale Größe des Landesausschusses keinerlei entsprechende Erwägungen angestellt sind. Man hätte annehmen dürfen, daß gerade der mit der Paketverwirklichung einhergehende Verwaltungsauf-, aus-, und -umbau zu derartigen Überlegungen geführt hätte. Statt dessen scheint — was allerdings auch anderwärts der Fall ist[91] — ein-

---

[88] s. dazu auch die Hinweise FN 53.

[89] s. T. T. 1. 3. 1974, 2. Wortlaut Autonome Provinz Bozen-Südtirol 7 (1974), 30 ff. sowie Protokolle des Landtages.

[90] s. Protokoll der Landtagssitzung vom 15. 3. 1974. Dazu die Südtiroler Tagespresse und Autonome Provinz Bozen-Südtirol Nr. 7 (1974), 27 ff.

[91] Erinnert sei an die ins Auge gefaßte Reduktion der Ministerien und die Entwicklung verschiedenster Verwaltungsreformkonzepte in der BRD — in diesem Bereich liegen allerdings zumeist umfangreiche Untersuchungen vor,

3.1. Die Provinzialorgane und ihre Aufgaben

mal mehr nach den politischen Erfordernissen des Tages vorgegangen worden zu sein[92]. Wenn es auch ohne Vorliegen konkreter Untersuchungen nicht gerade außerordentlich seriös ist, prima-facie Beurteilungen abzugeben, könnte man in etwa zusammenfassen: Aus den Erfahrungen der bundesdeutschen und österreichischen Bundesländer könnte man im Hinblick auf die zu betreuende Bevölkerungszahl[93] etwa 5 bis 7 Mitglieder des Landesausschusses als vertretbare Lösung erachten. Ferner wären im Hinblick auf den Ausbau der Kompetenzen sowie den damit erforderlichen Umbau zumindest für eine Anpassungsperiode weitere 1 bis 2 Mitglieder zu berücksichtigen, so daß man als Ziel etwa 7 bis 8, in einem Übergangsstadium bis etwa 10 Mitglieder der Landesregierung als angemessen ansehen könnte. Dabei wäre allerdings ein Freispielen der politischen Spitze der Verwaltung durch Delegation von Aufgaben an die Bürokratie und die Schaffung von Stabsfunktionen zu denken. Global wird man sagen müssen, daß der Landesausschuß vor der Novelle des Statuts und der darauf fußenden Maßnahmen, die eine Fülle neuer Kompetenzen bringen, gewiß — erklärbar allerdings z. T. durch die besonderen ethnischen Gegebenheiten — etwas überdimensioniert war. Im Verhältnis zu diesem — hier allerdings kritisierten — Vorbild scheint die Ausdehnung des Landesausschusses um nur zwei Mitglieder nach Übernahme der neuen Kompetenzen allerdings keineswegs unangemessen[94].

---

auf die hier global verwiesen sei. — In Österreich wurden demgegenüber vor Neuerlassung des Bundesministeriengesetzes (BGBl. 1973/389) keine derart umfassenden Studien angestellt, sondern nach Randkorrekturen der bestehende Zustand in eine neue rechtliche Form gebracht.

[92] Zu den für solche Überlegungen zunächst zu prüfenden Gesichtspunkten s. weiter unten sowie die Erläuterung in FN 94.

[93] Die österreichischen Bundesländer variieren in einer Größenordnung von ca. 271 000 bis 1,6 Mill. (Wien) Einwohner; Südtirol (genaue Daten u.) hat dzt. etwas mehr als 414 000 Einwohner.

[94] Zur Klarlegung des Ganges der folgenden Überlegungen sei hervorgehoben: Die „optimale" Größe der Landesregierung ergibt sich natürlich nur auf Grund der zu besorgenden Aufgaben (einschließlich der Art ihrer Bewältigung usw.), die erst später angedeutet werden können, hier aber sozusagen antizipiert werden müssen. Die Aufgaben finden ihren Niederschlag in den — auch wieder erst zu erläuternden — „Diensten der Landesverwaltung", also dem Verwaltungsapparat, der seinerseits kritisierbar ist. Mit dem — im Anschluß im Text erst zu besprechenden — Dekret des Landeshauptmannes über die Aufteilung der Sachgebiete werden den Mitgliedern des Landesausschusses auch die Ämter unterstellt (Art. 52 Abs. 3 ET). Diese Verteilung richtet sich üblicherweise nach politischen Bedürfnissen, wobei eine Deckung mit den Grenzen der Dienste der Landesverwaltung nicht gegeben, diese also revisionsbedürftig ist. Ist schon der Verwaltungsaufbau selbst kritisierbar, ist die jeweilige Verteilung noch mehr von den politischen Augenblicksverhältnissen abhängig. Von dieser Verteilung der Aufgaben zu trennen ist ferner die Wahl der Regierung durch den Landtag. Es liegt auf der Hand, daß diese 4 Gesichtspunkte durchaus rechtlich wie faktisch voneinander getrennt werden können, daß sie sich aber faktisch überaus intensiv beein-

Die Aufteilung der Sachgebiete erfolgte durch Dekret des Präsidenten des Landesausschusses Bozen[95] vom 16. 4. 1974 Nr. 30[96]. Nicht zuletzt ist an dieser Aufgabe die besondere rechtliche Stellung des Landeshauptmannes sichtbar, die im allgemeinen — allerdings unter Berücksichtigung nicht nur der innerparteilichen Gegebenheiten und der Geschicklichkeit der anderen Parteiführer, sondern insbesondere der Notwendigkeiten aus der besonderen ethnischen Situation — auch eine überaus starke politische Stellung garantiert. Denn wenn auch — zumindest formal — der Landtag die Mitglieder der Landesregierung wählt und damit gewisse Vorentscheidungen über die Aufteilung der Sachgebiete gefallen sind, so ist es doch der Landeshauptmann, der über die Machtrolle der einzelnen Mitglieder der Regierung — damit aber auch über seine eigene — das letzte Wort spricht. Es ist einsichtig, daß gerade an diesem Punkt des direkten Zugriffs der politischen Spitze auf die Verwaltungsstruktur der politische Zufall eine wichtige Rolle spielt. Das daraus resultierende besondere Bedürfnis nach Erarbeitung rationaler Konzepte ist nach meinen bisherigen Erhebungen nicht gestillt worden[97]. Erster Ansatz kann dabei nur der Vergleich der

---

flussen und bedingen. Die Schwierigkeit liegt darin, daß die einzelnen Aspekte nur nacheinander dargelegt werden können und daß trotz des leicht einsichtigen systematischen Zusammenhanges die Kritik jeweils am „richtigen Platz" angebracht werden muß. Diese Kritik kann schon hier global umrissen werden: Auf allen 3 veränderbaren und veränderungsbedürftigen Ebenen — Umfang der Regierung, Verteilung der Aufgaben und Struktur der Landesverwaltung (die Aufgaben werden als relativ fixes Datum vorausgesetzt, obwohl es sich gerade auch hier im Hinblick auf die Art der Erledigung nur um eine Variable handelt) — bestehen keine neuen Konzepte.

[95] s. dazu oben 3.1.2.2.

[96] ABlR 1974/23; s. auch Berichte in der Südtiroler Tagespresse sowie Autonome Provinz Bozen Südtirol Nr. 7 (1974). Für den *Regional*ausschuß s. DPRA 28. 1. 1974 Nr. 216/A (Aufteilung der Amtsgeschäfte unter die Assessoren und Vollmacht für die Unterzeichnung von Verträgen, die im Interesse der Region abgeschlossen werden); Nr. 217/A (Vertretung des Präsidenten); Nr. 218/A (Bestellung von 2 Ersatzassessoren), jeweils ABlR 1974/16. Der Regionalausschuß setzt sich nunmehr aus dem Präsidenten (der sich keine besonderen Amtsgeschäfte zur Besorgung vorbehalten hat), 5 Assessoren und 2 Ersatzassessoren, also aus 8 Mitgliedern zusammen (der Präsident, 3 Assessoren und 1 Ersatzassessor gehören der italienischen, 2 Assessoren und 1 Ersatzassessor der deutschen Volksgruppe an). Angesichts der stark geminderten Kompetenzen der Region kann von einer Unterbesetzung der Regionalregierung sicherlich keine Rede sein. Zu Vergleichszwecken noch die Daten der Provinz Trient, die etwas mehr Einwohner aufweist als die Provinz Bozen: 11 Mitglieder Giunta Provinciale einschließlich des Präsidenten; s. DPLA Trient 15. 3. 1974 Nr. 11-1/Legisl., ABlR 1974/16 (Seite 473 f.).

[97] Das ist auch der wesentliche Grund für das weiter o. dargestellte Unterbleiben der Erarbeitung von Maßstäben für die Beurteilung der Größe der Landesregierung — nicht jedoch logisch der alleinige Grund, weil ja umgekehrt auch die politischen Vorstellungen über die (Mindest-)Größe der Regierung als Datum einzusetzen sind. Soweit ich sehe, besteht allgemein zugänglich nur ein privates Exposé (Umfang: knapp 2 Seiten (Text), 1 Graphik)

bisher geübten Praxis durch Gegenüberstellung der jeweiligen Aufteilungsakte sein[98]; er kann hier nicht geboten, sondern zur Orientierung nur stark angeraten werden, weil dies allein schon wichtige Grundkenntnisse vermittelt. Wie schon angedeutet, hängt mit den erörterten Problemen die Frage der Struktur der Verwaltung engstens zusammen. Vor Darstellung derselben werden aber zweckmäßigerweise die Aufgaben der Provinz behandelt.

3.2. Die Zuständigkeiten der Provinz Bozen

Als Maß für die Autonomie einer Einheit hat immer noch die Zahl und der Umfang der Zuständigkeiten derselben gegolten. So konzentrierten sich folgerichtig die Auseinandersetzungen über Erfüllung oder Nichterfüllung des Gruber-De Gasperi Abkommens von 1946 auf Fragen der zu geringen Zahl von Zuständigkeiten und der Auslegung der durch das Statut von 1948 übertragenen zur Ermittlung des Umfanges derselben[99]. Ebenso konsequent ist es dann auch nur, daß Kernstück des Pakets und der darauf fußenden Novelle zum Statut die neuen Zuständigkeitsbestimmungen sind. Es handelt sich dabei um ein verzweigtes, viele Ausnahme- und Ergänzungsbestimmungen beinhaltendes System, das hier nur in groben Umrissen, nicht jedoch in all seine Verästelungen hinein dargestellt wird. Eine — für jede Zuständigkeitsverteilung zentrale — verfassungsgerichtliche Rechtsprechung zu den neuen Bestimmungen liegt nicht vor; die bisherige, restriktive Rechtsprechung ist jedoch wegen der teilweisen Übereinstimmung der neuen mit den alten Zuständigkeitsumschreibungen keineswegs gegenstandslos. Es kann aber gerade die Verwirklichung des mehr als

---

für eine Neuorientierung der Landesregierung vom ehemaligen Mitarbeiter der Landesregierung Dipl. Ing. Dr. *Karl Trojer*, Technisches Industrie-Büro Terlan. s. nunmehr aber FN 212.

[98] Einzukalkulieren ist allerdings der Zugang umfassender neuer Kompetenzen.

[99] Neben Gesetzestexten geben über die Zuständigkeit der Provinz Bozen auf Grund des Statuts Auskunft a) Werke zum italienischen Verfassungsrecht (FN 6); b) sämtliche Werke zur Südtiroler Autonomie, hinsichtlich derer wegen ihrer großen Zahl nur auf Bibliographien verwiesen wird (FN 2); hervorgehoben seien von den in FN 2 genannten Arbeiten insbesondere jene von *Ermacora, Cajoli, Pizzorusso* und *Fenet;* vgl. ferner z. B. *Schloh*, Die Südtirol-Frage im Jahre 1959, Europa-Archiv 1959, 481 ff.; *Hosp*, Rolle (FN 7); *Gutmann*, Le funzioni (FN 46), enthält auch schon eine Behandlung der neu übertragenen Kompetenzen; sehr informative Hinweise zu den letztgenannten geben auch die kritischen Stimmen zum Paket (FN 22); vgl. allgemein neuestens auch *Tomuschat*, Italien (FN 7), 179 ff.; c) zur bis in jüngere Zeit nicht gerade rühmlichen Judikatur des italienischen VfGH über die einzelnen Kompetenzen die Arbeiten in FN 7, wobei aus den zitierten Arbeiten im allgemeinen geradezu eine Verehrung für den VfGH spricht (was mit der Neuartigkeit und sicher auch mit den langjährigen Geburtswehen — „versprochen 1948, gehalten 1953" — zu erklären ist), wodurch für kritische Anmerkungen kein Raum bleibt; kritisch nur *Hosp*, Rolle.

2 Jahrzehnte nur auf dem Papier vorhandenen Regionalisierungsprogramms[100] als Indiz dafür gedeutet werden, daß insgesamt ein Bewußtseinswandel vom historisch erklärbaren italienischen Zentralismus zur Bejahung einer Dezentralisierung stattfand. Ferner ist diese Regionalisierung selbst wieder Ausgangspunkt der Verfestigung und Entwicklung dieses Bewußtseins[101].

Jede Zuständigkeitsänderung geht immer zu Lasten zumindest eines Beteiligten. Im gegenständlichen Falle ist es die *Region*[102], die einige Federn lassen mußte — und zwar einige ihrer schönsten[103].

Als Prinzip der Aufgabenverteilung zwischen dem Staat und den Regionen und Provinzen gilt, daß dem Staat alle jene Aufgaben zur Besorgung verbleiben, die nicht ausdrücklich den Regionen oder Provinzen übertragen sind; mit anderen Worten: es besteht eine Generalklausel zugunsten des Staates, während hinsichtlich der provinzialen (und regionalen) Zuständigkeiten die Enumerationsmethode gilt[104].

Im Hinblick auf die Parallelität von Gesetzgebungs- und Verwaltungszuständigkeit[105] müssen auch in einem Bericht über die Verwaltung zunächst die Gesetzgebungszuständigkeiten Südtirols vorgeführt werden.

3.2.1. Gesetzgebung

3.2.1.1. *Primäre Gesetzgebung*

Nach Art. 8 des Einheitstextes (Art. 11 des Statuts 1948)[106] ist der Provinz innerhalb der durch Art. 4 (des Statuts und ET) gezogenen

---

[100] s. im einzelnen *Tomuschat*, Italien (FN 7).

[101] In diesem Zusammenhang muß auch die aufsehenerregende Entscheidung des italienischen VfGH in Sachen Rundfunk und Fernsehen angesehen werden, die allerdings gesamtitalienisch von besonderer Relevanz ist und für Südtirol sozusagen nur eine nachträgliche Bestätigung bedeutet, daß bestimmte Aufgaben auch ohne Änderung des Statuts hätten wahrgenommen werden können — wenn die Judikatur des VfGH früher eben nicht extrem zentralistisch orientiert gewesen wäre.

[102] Sie war gegen den Willen der Südtiroler und wohl auch entgegen dem Pariser Abkommen 1946 mit umfangreichen Kompetenzen ausgestattet worden; s. Hinweise FN 16 und 48. Zu den vom *Staat* auf die Provinz übertragenen Aufgaben z. B. *Brugger / Benedikter / Dalsass* (FN 22), 16 f.

[103] s. zu den nunmehrigen Zuständigkeiten der Region die Art. 2 ff. des Verfassungsgesetzes von 1971 (womit das Statut aus 1948 novelliert wird, nunmehr die neugefaßten Art. 4 ff. ET). Einen guten Überblick über den wesentlichsten Teil der eingetretenen Veränderungen gibt die Synopse Die gesetzgebenden Zuständigkeiten der Region Trentino-Südtirol, Regionalberichte 1. Jg. (Oktober - November 1969).

[104] s. im einzelnen die Arbeiten zum italienischen Verfassungsrecht.

[105] s. z. B. *Giovenco*, L'ordinamento regionale, Roma 1961, 77; *Virga*, La regione, Milano 1949, 427; *Fenet*, La Question (FN 2), 156 („parallelisme"); *Gutmann*, Le funzioni (FN 46), 128; *Tomuschat*, Italien (FN 7).

3.2. Die Zuständigkeiten der Provinz Bozen

Grenzen die (sogenannte *primäre*)[107] Gesetzgebung in folgenden Bereichen übertragen[108]:

1. Ordnung der Provinzämter und des zugehörigen Personals;
2. Ortsnamengebung, wobei die Verpflichtung zur Zweisprachigkeit im Gebiet der Provinz Bozen aufrecht bleibt;
*3. Schutz und Erhaltung des geschichtlichen, künstlerischen und volkstümlichen Gutes;
4. Örtliche Sitten und Gebräuche und kulturelle Einrichtungen (Bibliotheken, Akademien, Institute, Museen) provinziellen Charakters; *örtliche künstlerische, kulturelle und erzieherische Veranstaltungen und Tätigkeiten, für die Provinz Bozen auch im Wege von Rundfunk und Fernsehen, unter Ausschluß des Rechtes, Rundfunk- und Fernsehstationen zu errichten;
5. Raumordnung und Ortsplanung;
6. Landschaftsschutz;
7. Gemeinnutzungsrechte;
8. Regelung der Mindestkultureinheit, auch hinsichtlich des Art. 847 des bürgerlichen Gesetzbuches; Höfeordnung und Regelung der auf alten Satzungen oder Gepflogenheiten beruhenden Familiengemeinschaften;

---

[106] Über die Notwendigkeit der Erlassung von Durchführungsbestimmungen zur Wahrnehmung der provinzialen Kompetenzen s. etwa *Hosp*, Rolle (FN 7). Es handelt sich dabei um eine durch die Judikatur des VfGH abgesicherte, überaus autonomiefeindliche Praxis der italienischen Zentralstellen, die grobe Auswüchse zeitigte (eindrucksvoll *Hosp*, ebd.). Eine nähere Darlegung muß hier unterbleiben. Konsequenz dieser Praxis waren präzise Termine für Durchführungsmaßnahmen im Verfassungsgesetz zur Novellierung des Statuts. Bei Kenntnis der italienischen Praxis beim Einhalten von Terminen [s. z. B. Regionalisierung, VfGH u. a.; interessante Hinweise etwa auch bei *Sciascia*, Verfassung (FN 6), 173 f.; *derselbe*, Entwicklung (FN 6), 210 ff.] kann den vorgebrachten Bedenken gegen neuerliche Terminabsprachen (s. FN 22) eine gewisse Berechtigung sicherlich nicht abgesprochen werden.

[107] Weiterführende Hinweise zu den termini technici hier und im folgenden jeweils bei den in FN 99 zitierten Autoren. *Sciascia*, Rechtsprechung (FN 7), 18, bezeichnet die „primäre" Gesetzgebungszuständigkeit als ausschließliche, die sekundäre als subsidiäre, ferner — wie auch hier — die ergänzende; *Hosp*, Rolle (FN 7), 158, nennt die primäre auch ausschließliche, die sekundäre auch ausführende (concorrente, complementare), die tertiäre als ergänzende (integrative, nur vereinzelt complementare).

[108] Wiedergabe des unverbindlichen deutschen Übersetzungsentwurfes (FN 45); wegen des Umfanges muß auf die Wiedergabe des authentischen italienischen Textes verzichtet werden. Die wichtigsten *neu* übertragenen bzw. wesentlich erweiterten [entweder im Umfang (primäre-sekundäre Gesetzgebungsbefugnis)] Sachmaterien sind mit einem Stern (*) gekennzeichnet. Früher waren 14 Sachbereiche angeführt, nunmehr sind es 29. s. neuestens auch *Magnago*, The situation (FN 11).

9. Handwerk;
*10. jedweder Wohnbau, der zur Gänze oder teilweise durch Einsatz öffentlicher Mittel gefördert wird, einschließlich der Begünstigungen für den Bau von Volkswohnhäusern in Katastrophengebieten und der Tätigkeit, die Körperschaften nicht-provinziellen Charakters mit öffentlichen Mitteln in den Provinzen entfalten;
11. Binnenseehäfen;
12. Messen und Märkte;
*13. Maßnahmen zur Verhütung von Katastrophen und Soforthilfemaßnahmen in Katastrophenfällen;
14. Bergwerke einschließlich der Mineral- und Thermalwässer, Steinbrücke und Torfstiche;
*15. Jagd und Fischerei;
*16. Almwirtschaft und Pflanzen- und Tierschutzparks;
*17. Straßenwesen, Wasserleitungen und öffentliche Arbeiten von provinziellem Belang;
*18. Verkehrs- und Transportwesen von provinziellem Belang, einschließlich der technischen Vorschriften und des Betriebes der Seilbahnanlagen;
*19. unmittelbare Übernahme öffentlicher Dienste und deren Führung durch Sonderbetriebe;
*20. Fremdenverkehr und Gastgewerbe einschließlich der Führer, der Bergträger, der Skilehrer und der Skischulen;
*21. Landwirtschaft, Forstwirtschaft und Forstpersonal, Vieh- und Fischbestand, Pflanzenschutzanstalten, landwirtschaftliche Konsortien und landwirtschaftliche Versuchsanstalten, Hagelabwehr, Bonifizierung;
*22. Enteignung im öffentlichen Interesse auf allen Sachgebieten provinzieller Zuständigkeit;
23. Errichtung und Tätigkeit von Gemeinde- und Provinzkommissionen zur Unterstützung und Beratung der Arbeiter bei der Stellenvermittlung;
*24. Wasserbauten der dritten, vierten und fünften Kategorie;
*25. öffentliche Fürsorge und Wohlfahrt;
*26. Kindergärten;
27. Schulfürsorge für jene Zweige des Unterrichtswesens, für die die Provinzen Gesetzgebungszuständigkeit haben;
*28. Schulhausbau;
*29. Berufsausbildung und Berufsertüchtigung.

Art. 4 Statut (gleichermaßen Art. 4 ET) bindet die provinziale Gesetzgebungsbefugnis an die Verfassung und die Grundsätze der staatlichen Rechtsordnung[109], an die Achtung der internationalen Verpflichtungen sowie der nationalen Interessen, unter denen nunmehr — eine Neuerung, die ihre Wirkung auf den VfGH respektive seine Entscheidungen nicht verfehlen sollte — ausdrücklich auch der Schutz der örtlichen sprachlichen Minderheiten hervorgehoben ist; ferner sind die grundlegenden Bestimmungen der Wirtschafts- und Sozialreformen der Republik zu beachten[110].

Wenn man auch über das Gewicht einzelner Zuständigkeiten geteilter Meinung sein kann[111] wird doch der Gesamteindruck der sein müssen, daß hier in der Tat eine Fülle wichtigster Aufgaben der Provinz zur Besorgung übertragen sind[112]. Insbesondere verdienen die *neu* übertragenen Aufgaben, deren bedeutendste oben mit einem Stern versehen sind, besondere Beachtung. Das kann jedoch hier wie im folgenden nicht darüber hinwegtäuschen, daß auch die neue Kompetenzverteilung durchaus an herkömmlichen, eher in die Vergangenheit gerichteten Aufteilungskatalogen orientiert ist. Ferner sind für die Verteilung von Zuständigkeiten zum Teil unliebsame praktische Erfahrungen mitmaßgeblich, die starke Emotionen hatten wirksam werden lassen.

3.2.1.2. *Sekundäre Gesetzgebung*

An sekundären Gesetzgebungsbefugnissen[107], vergleichbar etwa mit der Ausführungsgesetzgebung im Sinne des Art. 12 der österreichischen Bundesverfassung, sind der Provinz gemäß Art. 12 des Statuts, nunmehr Art. 9 ET, unter gleicher Bindung wie oben ausgeführt, zusätzlich

---

[109] Über deren Charakter besteht keine einheitliche Meinung; s. im einzelnen FN 99, insbesondere *Hosp*, Rolle (FN 7), 367 ff. mit Hinweisen auf *Giovenco* und *Mortati*.

[110] Auf eine Kritik dieser Beschränkungen und der aus ihnen ableitbaren Auslegungen muß hier verzichtet werden. s. z. B. *Gutmann*, Le funzioni (FN 46), 52 ff.; *Hosp*, Rolle (FN 7), 367 ff.

[111] Ungeteilter Meinung dürfte man z. B. über die für Südtirol ganz nebensächliche Binnenseehäfen-Zuständigkeit sein. Die Region besteht aber auch aus der Provinz Trient; hier handelt es sich um eine sehr wichtige Aufgabe (Gardasee), woraus sich ergibt, daß nur die Kenntnis lokaler Details den entsprechenden Bewertungsmaßstab abgibt.

[112] Der in den politischen Auseinandersetzungen vor der Paket-Einigung von Seite Italiens mehrfach erhobene Einwand, Südtirol besitze schon seit 1948 mehr Kompetenzen als die österreichischen Bundesländer kann auch unter Berücksichtigung der notorischen Schwäche des österreichischen Föderalismus guten Gewissens verneint werden. Durch die Neuregelung stimmt nun diese Aussage tatsächlich in einigen Punkten. Zur Kritik an den Kompetenzen der Regionen mit Normalstatut, die in manchen Punkten auch für Südtirol zutrifft, jüngst *Tomuschat*, Italien (FN 7), 179 ff.

jedoch unter Bindung an die (Grundsatz-)Gesetze des Staates (Bindung gemäß Art. 5 Statut und ET) übertragen[113]:

1. Ortspolizei in Stadt und Land;
2. Volks- und Mittelschulunterricht (Pflichtmittelschule, höhere Mittelschulen klassischer und wissenschaftlicher Ausrichtung, Lehrerbildung, Fachoberschulen, berufliche Lehranstalten und Kunstschulen);
*3. Handel;
*4. Lehrlingswesen; Arbeitsbücher, Kategorien und Qualifizierungen der Arbeiter;
*5. Errichtung und Tätigkeit von Gemeinde- und Landeskommissionen zur Kontrolle über die Arbeitsvermittlung;
*6. öffentliche Darbietungen, was die öffentliche Sicherheit betrifft;
*7. öffentliche Betriebe, unter Aufrechterhaltung der durch Staatsgesetze für die Erlangung der Lizenzen vorgeschriebenen subjektiven Voraussetzungen, der Aufsichtsbefugnisse des Staates hinsichtlich der öffentlichen Sicherheit, der Befugnis des Innenministeriums, im Sinne der staatlichen Gesetzgebung die auf dem Sachgebiet getroffenen Maßnahmen, auch wenn sie endgültig sind, von amtswegen aufzuheben. Die Regelung der ordentlichen Berufungen gegen die genannten Maßnahmen erfolgt im Rahmen der Provinzautonomie;
*8. Förderung der Industrieproduktion;
*9. Nutzung der öffentlichen Gewässer mit Ausnahme der großen Wasserableitungen zur Stromerzeugung;
*10. Hygiene und Gesundheitswesen einschließlich Gesundheitsfürsorge und Krankenhausbetreuung;
*11. Sport und Freizeitgestaltung mit den entsprechenden Anlagen und Einrichtungen.

3.2.1.3. Weitere Gesetzgebungszuständigkeiten der Provinz

3.2.1.3.1. Ergänzende Gesetzgebung. Durch den neugeschaffenen Art. 12 b des Statuts (Art. 10 ET) ist die Provinz berufen, zum Zwecke der „*Ergänzung*"[114] der Bestimmungen der Staatsgesetze gesetzliche Anordnungen auf dem Gebiet der Arbeitsvermittlung zu treffen.

---

[113] Hinweise wie FN 108; vor der Änderung des Statuts waren es 3 Punkte, nunmehr sind es 11.
[114] Auch tertiäre oder ergänzende Gesetzgebungsbefugnis bezeichnet [*Hosp*, Rolle (FN 7), 162]. Der rechtliche Charakter dieser Gesetzgebungsbefugnis ist wohl unklar; in der Sache dürfte es im wesentlichen auf das Gleiche hinauslaufen wie die sekundäre Gesetzgebungsbefugnis, wobei allen-

3.2. Die Zuständigkeiten der Provinz Bozen

3.2.1.3.2. *Delegierte Gesetzgebung.* Gemäß Art. 13 b des Statuts bzw. Art. 17 ET kann der Region und den Provinzen mit Staatsgesetz die Befugnis erteilt werden, Gesetzesbestimmungen für Dienste zu erlassen, die sich auf Sachgebiete beziehen, welche nicht in die entsprechenden Zuständigkeitsbereiche nach dem Statut fallen.

3.2.1.3.3. Gesetzliche Festlegung der Richtlinien für die Festsetzung der von den Verteilungsunternehmen und Verbrauchern zu zahlenden Preise für jene Energie, die Stromerzeuger jährlich kostenlos abzugeben haben (Art. 10 des Statuts, Art. 13 ET).

3.2.1.3.4. Wenn dies auch nicht ausdrücklich gesagt ist, gilt wohl im Hinblick darauf, daß die Region schon bisher gemäß Art. 65 des Statuts nur mit *Gesetz* im Einklang mit den Grundsätzen des staatlichen Steuersystems eigene Steuern einführen und einen Zuschlag auf die Grund- und Gebäudesteuern auferlegen konnte, daß auch die Provinzen nur mit *Gesetz* im Rahmen des genannten Regionalgesetzes *Zuschläge* auf die von der Region festgesetzten Abgaben auferlegen können (Art. 65 Statut, Art. 73 ET).

3.2.1.3.5. Die Provinzen sind innerhalb der Grenzen des Art. 5 Statut und ET (s. 3.2.1.2. — sekundäre Gesetzgebung) zuständig zur Gesetzgebung für Ermächtigungen auf dem Gebiet der Lokalfinanzen (Art. 69 des Statuts, Art. 80 ET).

3.2.1.3.6. Die Genehmigung der vom Landesausschuß erstellten Haushaltsvoranschläge und Rechnungsabschlüsse erfolgt ebenfalls mit Landesgesetz (Art. 73 Statut, Art. 84 ET).

3.2.1.3.7. Art. 81 des Statuts (Art. 96 ET) überträgt es dem Landesgesetzgeber, in den Gemeinden, die in Dörfer oder Fraktionen eingeteilt sind, gesonderte Friedensrichterämter einzurichten.

3.2.2. Verwaltung[115]

Schon die gebotene Übersicht über die Gesetzgebungszuständigkeiten hat erwiesen, daß von einer entsprechend systematischen Regelung

---

falls eine noch weitere Determinierungsmöglichkeit durch Staatsgesetz zulässig erscheint als bei der sekundären Gesetzgebung. Mit Wiedergabe der Lehrmeinungen *(Mortati, Gasparri, Sica, Miele, Giovenco) Hosp*, Rolle (FN 7), 162 f., der damaligen Rechtslage entsprechend aber ausschließlich auf die Region bezogen.

[115] Zutreffend ist jeweils von der „potesta amministrativa" bzw. von „Verwaltung", nicht jedoch von „Vollziehung", also die Gerichtsbarkeit erfassend die Rede, da letztere gleichermaßen wie wohl das Zivil-, sicher aber das Strafrecht [s. jeweils mit Nachweisen *Hosp*, Rolle (FN 7), 166 ff.; jüngst *Tomuschat*, Italien (FN 7), 181 FN 69 und 70; eine Zuständigkeit in Zivilrechtsangelegenheiten bejahend hingegen etwa *Sciascia*, Rechtsprechung (FN 7), 18 f.; *Hosp*, Rolle (FN 7), 167; verneinend VfGH, Zitate bei *Sciascia*,

keine Rede sein kann. Vielmehr sind — an verschiedenen Stellen in mehr oder wenig losem sachlichen Konnex — Regelungen eingebaut worden; sie weisen zwar im einzelnen unterschiedliche, insgesamt aber noch überblick- und durchschaubare Strukturen auf. Anders liegt die Sache, wo es um die Verwaltungszuständigkeiten geht. Hier wurde — sicherlich aus leidvollen praktischen Erfahrungen entwickelt — eine solche Fülle an Sondervorschriften über das ganze Statut hinwegverstreut, daß eine halbwegs präzise Darstellung nur schwer möglich ist; allerdings hat hier der ET erhebliche systematische Verbesserungen gebracht. Der Katalog der Aufgaben und die besonderen Formen der Einbeziehung von Provinzialorganen in den Verwaltungsablauf zeigen schlaglichtartig jene Bereiche auf, in denen es in der Vergangenheit die stärksten Friktionen mit der staatlichen Verwaltung gegeben hat. Im folgenden Überblick wurde darauf Bedacht genommen, die wichtigsten Typen (hoffentlich) kooperativer Tätigkeit herauszuschälen, da es sich um Versuche handelt, die auch in anderen Gebieten mit ethnischem Sprengstoff fruchtbar gemacht werden können.

Zur Hauptsache bestehen folgende Gruppen von Verwaltungszuständigkeiten Südtirols[116]:

3.2.2.1. Die eigene Verwaltung (amministrazione propria)

Gemäß Art. 13 des Statuts bzw. Art. 16 ET (völlig unverändert) ist die Provinz (und die Region) für die Verwaltung auf allen jenen Gebieten zuständig, auf welchen ihr die Gesetzgebungsbefugnis zusteht. Es handelt sich hier um den schon hervorgehobenen Grundsatz der „Parallelität" von Gesetzgebungs- und Verwaltungszuständigkeit. Das gilt — mit Ausnahme des Tatbestandes 3.2.1.3.4., der sich auf das komplizierte Steuer- bzw. Abgabenwesen bezieht — nicht nur für den Bereich der primären und sekundären[117] Gesetzgebungsbefugnisse, sondern auch auf die im obigen Abschnitt 3.2.1.3. behandelten Sondertatbestände[118].

Verfassung (FN 6), 187; Problematisch insoferne die Friedensrichterämter (3.2.1.3.7.)] dem Staat zur Besorgung überlassen ist. Das gilt im übrigen — mit der Einschränkung nach Art. 15 Abs. 9 B-VG — auch für die österreichische Bundesverfassung (Art. 10 Abs. 1 Z 6 und Art. 82 Abs. 1 B-VG), die auf dem *bundesstaatlichen* Prinzip beruht.

[116] s. auch zum folgenden wieder die in FN 99 angeführten 3 Gruppen von Literatur; dazu auch ein beachtlicher Teil der verwaltungsrechtlichen Literatur (FN 46).

[117] Hinsichtlich der Regionen — das gleiche gilt auch für die Provinzen — hat der VfGH erkannt (Nr. 9/1957), daß die Verwaltungsbefugnis grundsätzlich denselben Begrenzungen wie die Gesetzgebungsbefugnis unterworfen ist [s. auch *Hosp*, Rolle (FN 7), 171 f.].

[118] Das macht insbesondere Art. 12 b des Statuts bzw. Art. 10 ET (s. oben 3.2.1.3.1.) deutlich: Diese Bestimmung führt nämlich im weiteren aus, daß sich die Provinzen bis zur Errichtung eigener Ämter bei Ausübung der Verwaltungsbefugnisse die mit den hinsichtlich des Arbeitswesens den Provin-

3.2.2.2. Die übertragene Verwaltung
(amministrazione delegata)[119]

Der zitierte Art. 13 des Statuts bzw. Art. 16 ET sieht auch vor, daß der Staat u. a. der Provinz[120] mit Gesetz Aufgaben seiner eigenen Verwaltung übertragen kann[121]. Die Kosten für diese Verwaltungstätigkeit, die jederzeit geändert und reduziert werden kann[122], trägt der Staat.

3.2.2.3. Die von der Provinz
besorgte mittelbare Regionalverwaltung[123]

Art. 14 des Statuts (Art. 18 ET) sieht vor, daß die *Region* ihre Verwaltungsbefugnisse in der Regel in der Weise ausübt, daß sie diese den Provinzen, den Gemeinden und anderen Gebietskörperschaften[124] überträgt oder sich deren Ämter bedient[125]. Seit der Novelle des Statuts ist die Übertragung auf die Provinzen auf dem Gebiet der Feuerwehr-

---

zen zustehenden *Gesetzgebungsbefugnissen zusammenhängen*, der Außenämter des Arbeitsministeriums bedienen können. Dies bestätigt nicht nur obige Aussage, sondern zeigt auch, daß innerhalb der den Provinzen zustehenden Verwaltungsbefugnisse auf einem engen Gebiete ein Sondertypus besteht, der in etwa verglichen werden könnte — allerdings mit *umgekehrten* Vorzeichen (Erledigung nicht durch Provizialämter für den Staat, sondern durch Staatsämter für die Provinz) — mit der im folgenden behandelten übertragenen Verwaltung.

[119] Zu unterscheiden ist der erst zu behandelnde Aufgabenkreis gemäß Art. 14 des Statuts bzw. Art. 18 ET (s. 3.2.2.3.), der z. T. ähnlich bezeichnet wird; s. *Gutmann*, Le funzioni (FN 46), 138. Der Sache nach handelt es sich in der Tat jeweils um „delegierte", „indirekte" bzw. „mittelbare" Verwaltung, das eine Mal des Staates, das andere Mal der Region.

[120] Gleiches gilt für die Region und für „andere öffentliche Gebietskörperschaften". Vgl. zu diesen etwa GemeindeO (FN 139). Zu einem Ausschnitt überblicksmäßig ferner *Dalvit*, Die Gemeindeverbände. Die Talschaftsräte und Berggemeinschaften, Trento 1964.

[121] Diese Art der Verwaltung ist in ihrer Struktur vergleichbar der „mittelbaren Bundesverwaltung" (Art. 102 B-VG) in Österreich. Vom System und der Dezentralisierungsfreundlichkeit her bestehen Unterschiede: In Italien *kann* der Staat durch *Gesetz* übertragen, in Österreich besteht die mittelbare Bundesverwaltung kraft *Verfassung*, während nur bestimmt aufgezählte Bereiche (Art. 102 Abs. 2 B-VG, es handelt sich dabei allerdings um sehr bedeutende Bereiche) unmittelbar durch Bundesbehörden in den Ländern besorgt werden dürfen.

[122] Dies sogar dann mit einfachem Staatsgesetz, wenn das Statut selbst (Verfassungsrang!) eine Übertragung vornimmt.

[123] Zu terminologischen Schwierigkeiten s. FN 119. Die Wortwahl erfolgte in Anlehnung an den Begriff der mittelbaren Bundesverwaltung. *Giovenco*, L'ordinamento (FN 105), 81 f., zustimmend *Hosp*, Rolle (FN 7) 172 f., sprechen von *indirekter* regionaler Verwaltung.

[124] Hinweise in FN 120.

[125] Nach der gleichen Bestimmung können die Provinzen „einige" ihrer Verwaltungsbefugnisse den Gemeinden oder anderen Gebietskörperschaften übertragen oder sich deren Ämter bedienen.

dienste verpflichtend vorgeschrieben[126]. Der VfGH hat u. a. erkannt[127], die genannte Bestimmung übertrage nur die *Ausübung* der Befugnisse, wobei die Region auch gegenüber der Provinz Aufsichts-, Weisungs- und stellenvertretende Entscheidungsgewalt behalte. Es zeigt sich also, daß die rechtliche Struktur der Übertragung gleich ist wie im Pkt. 3.2.2.2.: Es erfolgt jeweils eine *funktionelle* Integration in die delegierende Verwaltung, welche einmal der Staat, das andere Mal die Region ist[128]. Insofern kann in beiden Fällen rechtlich nicht ohne weiteres von provinzialen Verwaltungszuständigkeiten gesprochen werden. Dennoch handelt es sich faktisch um sehr bedeutsame Bereiche[129], wie ja auch die Entwicklung der mittelbaren Bundesverwaltung in Österreich zeigt, die wesentlich zur starken politischen Stellung des Landeshauptmannes beiträgt.

3.2.2.4. Besondere Typen von Verwaltungszuständigkeiten

Neben diesen übersichtlich darstellbaren eigenen bzw. auftrags anderer Einheiten durchzuführenden Verwaltungsaufgaben der Provinz bestanden schon immer einige, nunmehr aber eine über das ganze Statut verstreute Fülle von Befugnissen, deren wichtigste Gruppen sind[130]:

3.2.2.4.1. Entscheidungsbefugnisse

3.2.2.4.1.1. In der in mehrfacher Hinsicht delikaten, früher sehr stark von Emotionen bestimmten, ein zentrales Anliegen der Südtiroler Bevölkerung bildenden *Schulfrage*[131] wurde ein sehr feinmaschiges Kompetenznetz gesponnen (s. dazu auch die besonderen Mitwirkungsformen 3.2.2.4.3.3.). Art. 19 ET (Art. 15 Statut) beruft dabei den Landesausschuß zur *Ernennung* des *Schulamtsleiters*[132] für die Verwaltung der

---

[126] Diese Bestimmung ist nur im Hinblick auf die lokalen Bedingungen erklärbar und erhält ihr (tatsächlich gegebenes!) Gewicht von bestimmten brauchtumsmäßig und emotional orientierten Einstellungen.

[127] VfGH 9. 3. 1957, Nr. 39; s. auch *Hosp*, Rolle (FN 7), 261 ff., 380 ff.; *Gutmann*, Le funzioni (FN 46), 138 ff.

[128] Vgl. auch *Agostini*, La delega delle funzioni amministrative della Regione Trentino — Alto Adige alle provincie di Trento e di Bolzano (Art. 14 Statuto speciale), Milano 1955; *Benvenuti*, L'amministrazione indiretta, Amministrazione Civile 1961, Nr. 47 - 51; s. auch die Zitate bei *Tomuschat*, Italien (FN 7), 187 f., FN 92 ff.

[129] s. etwa auch die Liste der „Übertragungsgesetze" der Region bei *Gutmann*, Le funzioni (FN 46), 140 ff.

[130] Es handelt sich im folgenden um sehr umfangreiche und detaillierte Bestimmungen, weshalb auf letzte Präzision bewußt verzichtet wird.

[131] s. VfGH 21. 1. 1957 Nr. 25, wonach das Landesschulamt und die ihm zugeteilten Funktionäre staatlich sind; s. z. B. *Hosp*, Rolle (FN 7), 254 ff.

[132] s. auch die auf Grund des Pakets geschaffene Einrichtung des *Hauptschulamtsleiters* unter 3.2.2.4.3.3. Dem Schulamtsleiter für die deutschsprachi-

3.2. Die Zuständigkeiten der Provinz Bozen

deutschsprachigen Kindergärten, Volksschulen und Mittelschulen[133]; diese Ernennung erfolgt aus einem Dreiervorschlag der Vertreter der deutschen Sprachgruppe im Landesschulrat und nach Anhören des Gutachtens des Ministeriums für den öffentlichen Unterricht. Das Verwaltungspersonal des Schulamtes der Mittelschulen, Schulinspektorate und Volksschuldirektionen geht in die Abhängigkeit der Provinz über (das Lehrpersonal bleibt staatlich).

3.2.2.4.1.2. Seit je (Art. 16 Statut, Art. 20 ET) obliegen den Präsidenten des Landesausschusses bestimmte Sektoren der Sicherheitspolizei (gefährliche Industriezweige, „lärmende und lästige Gewerbe", Agenturen und Druckereien u. a.), zu deren Ausübung sie sich der „staatlichen Polizei" (polizia statale) oder (seit der Novelle 1971) der „Ortspolizei in Stadt und Land" bedienen. Ebenso kann er zur Befolgung der Gesetze und Verordnungen den Einsatz und die Mithilfe der „Staatspolizei"[134] (polizia dello Stato) bzw. auf Grund der Novelle 1971 die Ortspolizei in Stadt und Land anfordern (Art. 17 Statut, Art. 22 ET)[135]. Dabei hat die Provinz (Art. 17 b Statut, Art. 23 ET) allerdings die Strafmaßnahmen anzuwenden, die die Staatsgesetze für die jeweiligen Tatbestände vorsehen.

3.2.2.4.1.3. Der schon erwähnte[136] Art. 48 Pkt. 5 des Statuts (Art. 54 Pkt. 5 ET) überträgt dem Landesausschuß Aufsichtsbefugnisse über Verwaltungseinheiten, insbesondere über die Gemeindeverwaltung[137].

---

gen Schulen obliegen Maßnahmen auf dem Gebiet der Versetzung, des Urlaubs, Wartestandes, der Disziplinarstrafen (bis einmonatige Enthebung vom „Rang" mit Gehaltsentzug) hinsichtlich des Lehrpersonals, das aber *staatliches* Personal bleibt. Analoges gilt hinsichtlich des Schulamtsleiters für die ladinische Sprachgruppe, der allerdings vom *Ministerium* für öffentlichen Unterricht ernannt wird. s. beim Umbruch LG 29. 4. 1975 Nr. 22, ABlR 1975/25, betr. Errichtung der Landesschulämter.

[133] Dazu das Dekret des Präsidenten der Republik 20. 1. 1973 (FN 30). Zum italienischen Schulwesen insgesamt *Dalla*, La scuola nelle regioni a statuto speciale, Roma 1967, insbesondere 26 f., 75 ff.; *Iaccarino* (Hrsg.), L'istruzione, Atti del congresso celebrativo del centenario delle leggi amministrative di unificazione V/1, Milano 1967; jüngst *De Simone*, Sistema del diritto scolastico italiano I (I principi costituzionali), Milano 1973.

[134] Die Übersetzung scheint mir zu Mißverständnissen Anlaß zu geben, da unter Staatspolizei — etwa in Österreich — eine *Staatsschutz*einrichtung verstanden wird.

[135] Hinsichtlich der allgemeinen Sicherheitspolizei s. auch 3.2.2.4.3.4.

[136] s. 3.1.2.1.

[137] Sie bleiben dem Staat vorbehalten, wenn sie aus Gründen der öffentlichen Ordnung erforderlich sind und wenn sie Gemeinden mit über 20 000 Einwohnern betreffen. Nach der Volkszählung 1971 sind damit nur Meran (33 235) und Bozen (105 757) erfaßt. Von weiteren Teilaspekten abgesehen fallen *Gemeinde*angelegenheiten („Gemeindeordnung") in die sekundäre Gesetzgebungs- und damit Vollziehungszuständigkeit der *Region;* s. Art. 5 Z. 1 Statut bzw. ET, dazu die Gemeindeordnung RG 21. 10. 1963 Nr. 29, ABlR 1963/45 i. d. g. F.

3.2.2.4.1.4. Den Landesausschüssen steht die Aufsicht über die Friedensrichterämter zu (Art. 80 Statut, Art. 95 ET).

3.2.2.4.1.5. Genehmigung der Eröffnung und Verlegung von Bankschaltern der Kreditanstalten örtlichen, provinziellen und regionalen Charakters nach Gutachten des Schatzministeriums (Art. 8 Statut, Art. 11 ET).

3.2.2.4.2. Mitentscheidungsbefugnisse.

3.2.2.4.2.1. Nach dem neugefaßten Art. 10 des Statuts (Art. 13 ET) ist von den Stromerzeugungsunternehmen nicht wie bisher der Region, sondern den Provinzen in bestimmtem Ausmaß elektrische Energie kostenlos zu liefern. Vor allem aber entscheidet der Minister für öffentliche Arbeiten *im Einvernehmen* mit der jeweiligen Provinz über Ansuchen um Bewilligung für große Wasserableitungen zur Stromerzeugung, die im Wettbewerb vom ENEL und den auf Grund eines späteren Staatsgesetzes zu bestimmenden örtlichen Körperschaften[138] angestrebt werden.

3.2.2.4.2.2. Art. 17 c des Statuts — nunmehr Art. 14 des ET — schreibt vor, daß der Staat und die Provinz *einvernehmlich* einen jährlichen *Koordinierungsplan* für die in die jeweilige Zuständigkeit fallenden Wasserbauten[139] ausarbeiten. Die Nutzung der öffentlichen Gewässer durch den Staat und die Provinz innerhalb der jeweiligen Zuständigkeiten hat auf Grund eines *Generalplanes* zu erfolgen, der in einem eigenen *Beirat einvernehmlich* zwischen den Vertretern des Staates und der Provinz erstellt wird (s. hinsichtlich der Wasserbauten auch 3.2.2.4.3.2.).

3.2.2.4.2.3. Hinsichtlich der *„Wirtschaftsprogrammierung"* (programmazione economica), einer ohne Zweifel für Staat und Gesellschaft ganz zentralen Materie, sieht Art. 15 ET (Art. 17 d des Statuts) vor, daß das Ministerium für Industrie, Handel und Handwerk den Provinzen Anteile der im Staatshaushalt vorgesehenen Ansätze zur Durchführung von Staatsgesetzen zuweist, die finanzielle Maßnahmen zur Förderung der Industrie vorsehen[140]. Die Festsetzung der Anteile erfolgt „nach

---

[138] Maßnahme 118 des Südtirol-Pakets, bisher noch *nicht* verwirklicht (s. oben nach FN 34).

[139] Nach Art. 11 Z. 24 ET (Art. 11 Z. 24 des Statuts — s. oben 3.2.1.1.) sind die Provinzen zuständig für die Wasserbauten der 3., 4. und 5. Kategorie; der Staat ist für die Wasserbauten der 1. und 2. Kategorie zuständig. s. im einzelnen z. B. *Altenburg*, Benutzung und Verwaltung der Gewässer im italienischen Recht, Wasserrecht und Wasserwirtschaft 10, Berlin 1971, allerdings überholt die Ausführungen über die Zuständigkeiten betreffend die Region Trentino-Südtirol (insbes. 129 f.).

[140] Dies unter der Voraussetzung, daß die Regelungen über die Wirtschaftsprogrammierung kein anderes Finanzsystem vorsehen. Es handelt sich um die Maßnahme 112 des Pakets, die erst zum Teil erfüllt ist (s. oben).

Anhören des *Gutachtens*"[141] der Provinz, die Verwendung der zugewiesenen Beträge erfolgt im *Einvernehmen* zwischen Staat und Povinz[142].

3.2.2.4.2.4. Die Vorsitzenden und Mitglieder der Kommissionen für die Staatsprüfungen an den deutschsprachigen Schulen werden im *Einvernehmen* mit der Provinz Bozen ernannt (Art. 19 ET, Art. 15 Statut).

3.2.2.4.2.5. Der gemäß Art. 68 c des Statuts (Art. 78 ET) der Provinz Bozen abzutretende Anteil der dort näher umschriebenen Einnahmen wird im *Einvernehmen* zwischen der Regierung und dem Präsidenten des Landesausschusses festgelegt.

3.2.2.4.3. Besondere Formen der Mitwirkung an der Verwaltungstätigkeit (Vorbringen von Standpunkten, Rechtsmittelmöglichkeiten, beratende Teilnahme an Sitzungen von Kollegialorganen u. ä.).

3.2.2.4.3.1. Art. 9 des Statuts, Art. 12 ET:

Bei Bewilligung für „große Wasserableitungen" zur Stromerzeugung und damit zusammenhängende Terminverlängerungen kann die Provinz rechtzeitig ihre *„Bemerkungen und Einsprüche"* (proprie osservazioni ed opposizioni) vorbringen sowie gegen Bewilligungs- und Verlängerungsdekrete *Berufung* beim Obersten Gericht für öffentliche Gewässer einlegen.

Der Landeshauptmann oder ein Beauftragter kann mit *beratender Stimme* an den Sitzungen des Obersten Rates für öffentliche Arbeiten teilnehmen, in denen die eingangs bezeichneten Maßnahmen geprüft werden. Schließlich ist vorgesehen, daß das zuständige Ministerium erst nach Anhören des *„Gutachtens"*[143] („il parere") der betreffenden Provinz die Maßnahmen hinsichtlich der Tätigkeit der gesamtstaatlichen Körperschaft für Elektroenergie (ENEL) in der Region trifft.

3.2.2.4.3.2. Ein *Gutachten* der Provinz ist nach Art. 14 ET (Art. 17 c des Statuts) auch für die Erteilung von Konzessionen im Verkehrs- und Transportwesen für das Gebiet der Provinz durchquerende Linien sowie für Wasserbauten der ersten und zweiten Kategorie vorgeschrieben.

---

[141] Gehört präzise zu 3.2.2.4.3., wird aber wegen des sachlichen Konnexes hier angeführt.

[142] Weitere Bestimmungen betreffen allfällige Mittelverwendung für Schulbauten und die grundsätzlich nach Sprachgruppen zu erfolgende Verwendung der Haushaltsansätze für fürsorgerische, soziale und kulturelle Zwecke durch die Provinz.

[143] Der *rechtliche* Charakter dieser „Gutachten", in neueren Übersetzungsentwürfen zutreffender als „Stellungnahmen" bezeichnet (s. auch die unten angeführten weiteren Fälle) ist als *nicht* bindend zu umschreiben; ihre Bedeutung liegt wohl auf *politischer* Ebene.

3.2.2.4.3.3. Der für die Verwaltung der italienischsprachigen Schulen und für die Aufsicht über deutschsprachige Schulen (sowie für die „ladinischen Ortschaften" zuständige) *Hauptschulamtsleiter* wird nach Anhören des *Gutachtens* der Landesregierung ernannt. Zentral ist ferner und von höchst aktueller politischer Brisanz die Bestimmung, daß vor allfälliger Errichtung einer Universität neben dem *Gutachten* der Region auch jenes der Provinz anzuhören ist (beide Fälle Art. 19 ET, Art. 15 Statut).

3.2.2.4.3.4. Aus Gründen der öffentlichen Ordnung von staatlichen Behörden zu ergreifende Maßnahmen, die die Polizeibefugnisse des Präsidenten des Landesausschusses auf dem Polizeisektor oder andere in die Zuständigkeit der Provinz fallende Bewilligungen berühren („eingreifen, sie zeitweilig aufheben oder wie immer beschränken") dürfen erst *nach Anhören* des Präsidenten des Landesausschusses (wobei eine Fristsetzung für die Abgabe der Stellungnahme erfolgt) getroffen werden (Art. 16 b Statut, Art. 21 ET).

3.2.2.4.3.5. Zu erinnern[144] ist hier auch an die neu geschaffene Befugnis des Landeshauptmannes, an den Sitzungen des Ministerrates teilzunehmen, in denen die Provinz Bozen betreffende Fragen behandelt werden (Art. 46 Statut, Art. 52 ET).

3.2.2.4.3.6. Als Äquivalent für die praktisch fehlende Abgabenhoheit der Provinz[145] sieht Art. 71 des Statuts (Art. 82 ET) die Möglichkeit vor, daß die Provinz (gleiches gilt für die Region) in die von den Steuerämtern (staatlich!) durchgeführte Ermittlungstätigkeit *Einsicht* nehmen und ihnen Angaben und Auskünfte liefern kann; ferner besteht eine Berichtspflicht dieser Ämter über die auf Grund der Auskünfte getroffenen Maßnahmen.

Aus dem Blickpunkt einer auf Effizienz der Verwaltung bedachten Verwaltungswissenschaft wie gleichermaßen einer um Öffentlichkeit, Klarheit der Verantwortung und damit Kontrollierbarkeit der Verwaltung bemühten Staats- und Politikwissenschaft mögen die umschriebenen Formen von Verwaltungstätigkeit problematisch erscheinen. Es kann jedoch nicht übersehen werden, daß es sich um Reaktionen auf eine diffizile Situation der Verwaltung in einem Gebiet mit gemischter Bevölkerung handelt, die auf größtmögliche Konkordanz Bedacht sein muß. Und es kann — bei allem Bedenken, das sich aus den umrissenen Gesichtspunkten ergibt — nicht ausgeschlossen werden, daß diese Kooperationsformen angesichts der immer noch komplizierter werdenden Lebenssachverhalte auch anderwärts mehr als bisher Anwendung fin-

---

[144] s. oben 3.1.2.2.
[145] Die finanzielle Basis bilden die, wie mir scheint reichlich erweiterten „Abtretungen" von Einnahmen; einige Hinweise unten.

den müssen, um starke Desintegrationserscheinungen auf allen Ebenen und Sektoren zu dämmen.

3.2.2.5. Relevanz der Durchführungsbestimmungen

Die umschriebenen Zuständigkeiten werden im Zeitpunkt der Abfassung dieses Berichtes noch nicht vollständig von der Provinz wahrgenommen, weil hinsichtlich der vordem vom *Staat* besorgten Angelegenheiten zu einem Großteil Durchführungsbestimmungen nötig sind, welche erst zu einem Teil erlassen wurden[146].

3.2.2.6. Nichthoheitliche Verwaltung

Wie unschwer erkennbar, beziehen sich die dargestellten Verwaltungsaufgaben der Provinz auf den „hoheitlichen" Bereich, wie dies üblicherweise „Kompetenzkatalogen" eigen ist. Über die „leistende Verwaltung" (z. T. auch als „erwerbswirtschaftliche Betätigung der öffentlichen Hand", in Österreich als „Privatwirtschaftsverwaltung" bezeichnet), über Finanzvermögen und öffentliche Sachen schweigt das Statut fast völlig, insbesondere über die diesbezüglichen grundsätzlichen Befugnisse der Provinz. Diese Befugnisse werden offenkundig als selbstverständlich vorausgesetzt, wie Art. 54 ET (Art. 48 Statut) und insbesondere die neugefaßte Überschrift des V. Teiles des Statuts und eine neue Bestimmung deutlich machen: Die Überschrift lautet nunmehr[147] „Öffentliches Eigentum und Vermögen der Region und der Provinzen" und Art. 58 b des Statuts (Art. 68 ET) überträgt hinsichtlich der der Provinz übertragenen neuen Sachgebiete (hoheitlich) die „Sachen und Rechte des öffentlichen Eigentums und des Vermögens des Staates mit Liegenschaftsnatur und die Sachen und Rechte des öffentlichen Eigentums und Vermögens der Region"[148], was nicht möglich wäre, wenn diesbezüglich keine „Rechtsfähigkeit" bestünde[149].

3.2.3. Besondere Befugnisse der Provinz Bozen

Es verbleiben noch Befugnisse der Provinz, die rechtstheoretisch wie - dogmatisch zumindest teilweise durchaus dem Bereich der Verwaltung zugeordnet werden können, die aber im Hinblick auf ihre staatsrechtliche und politische Bedeutung gesondert angeführt seien.

---

[146] s. FN 30. Zum Finanzwesen s. die Hinweise unter 3.2.4.
[147] Hinzugefügt wurden die Provinzen.
[148] Ausgenommen sind das Militäreigentum und „Dienste nationalen Charakters". s. Dekret des Präsidenten der Republik 20. 1. 1973 (FN 30).
[149] Auf Betrachtungen über den Stand von Theorie und Praxis zu diesem immer noch an Bedeutung zunehmenden Bereich von Verwaltungstätigkeit muß verzichtet werden.

3.2.3.1. Anfechtungsbefugnisse

Als erstes ist anzuführen eine Gruppe von Anfechtungsbefugnissen, deren Neuschaffung im Jahre 1971 einesteils auf eine restriktive Interpretation des VfGH zum Statut[150] zurückzuführen ist, andernteils auf einen erhöhten Schutz der Volksgruppen — und zwar auch der *italienischen* innerhalb der Provinz[151] — zielt.

Nach Art. 56 ET (Art. 49 b des Statuts) kann — nach Durchführen eines spezifischen Verfahrens — die Mehrheit einer Sprachgruppe des Landtages[152] innerhalb von 30 Tagen nach der Veröffentlichung eines Gesetzes dieses vor dem VfGH mit der Begründung anfechten, daß das Gesetz die Gleichheit der Rechte zwischen den Staatsbürgern der verschiedenen Sprachgruppen oder die volklichen und kulturellen Eigenarten dieser Gruppe verletzt[153, 154].

Alle Verwaltungsakte von Organen, die ihren Sitz in der Region haben, können von den Regionalrats- oder Landtagsabgeordneten, bei Maßnahmen der Gemeinden von den Gemeinderatsmitgliedern vor der autonomen Sektion Bozen des regionalen VwGH mit der Begründung angefochten werden, daß sie sich im Grundsatz der Gleichheit der Staatsbürger hinsichtlich ihrer Sprachgruppenzugehörigkeit verletzt erachten; die Verletzung muß von der Ratsmehrheit der jeweiligen Sprachgruppe festgestellt werden (Art. 92 ET, Art. 78 c Statut). Auch hier handelt es sich um eine Bestimmung, die *allen* Sprachgruppen, also auch der im Gesamtstaat der Mehrheit zugehörigen italienischen Gruppe einen besonderen Schutz gewährt.

Unbeschadet anderer Anfechtungsmöglichkeiten kann ein Regional- oder Landesgesetz wegen Verletzung der Verfassung oder des Statuts der Region Trentino-Südtirol oder der Gleichheit zwischen den Sprachgruppen vor dem VfGH angefochten werden. Antragsberechtigt ist neben der Zentralregierung im allgemeinen hinsichtlich von Regionalgesetzen der *Landtag*, hinsichtlich von Landesgesetzen der Regionalrat oder der „andere" Landtag der Region (Art. 97 ET, Art. 82 Statut). Nun-

---

[150] Hinweise s. FN 7, insbesondere *Sciascia* und *Hosp*.

[151] Zu dieser Konstruktion ablehnend z. B. *Weingart*, Die Besetzung öffentlicher Ämter in Südtirol, staatsw. Diss. Innsbruck 1971, 19 f.; zunächst auch *Veiter*, Die Südtiroler Autonomie (FN 2), 715 FN 83; positiver dann *derselbe*, Recht der Volksgruppen (FN 23), 666 FN 112; bejahend *derselbe*, Südtirol (FN 22), 94 - 96.

[152] Analoges gilt für den Regionalrat.

[153] Auf *Provinzialebene* bedeutet dies faktisch den Schutz der italienischen Volksgruppe, die als Angehörige der nationalen Mehrheit in der Provinz eine „Minderheit" darstellt. Auf *Regionalebene* wird jedoch der deutschen Volksgruppe ein Schutz eingeräumt.

[154] Zur ähnlich strukturierten „Bilanzgarantie" s. 3.2.4.

mehr kann nicht mehr nur der Präsident des Regionalausschsses auf Beschluß des Regionalrates, sondern auch der Präsident des Landesausschusses auf Beschluß des Landtages Staatsgesetze und die mit Gesetzeskraft ausgestatteten Maßnahmen der Republik anfechten; Anfechtungsgrund kann nicht nur die Verletzung des Statuts sein, sondern auch die Verletzung des Grundsatzes des Schutzes der deutschen und ladinischen sprachlichen Minderheiten. Hinzu tritt die Möglichkeit des Präsidenten des Landesausschusses[155], nach Beschlußfassung durch den Provinzialausschuß beim VfGH „Berufung"[156] gegen staatliche Maßnahmen einlegen, von welchen angenommen wird, daß sie in den mit dem Statut der Provinz übertragenen Zuständigkeitsbereich eingreifen (beide angeführten Tatbestände gemäß Art. 98 ET bzw. Art. 83 Statut).

3.2.3.2. Ernennung von Verwaltungsrichtern

Gesondert auszuweisen ist innerhalb der „Sonderzuständigkeiten" der Provinz folgende Befugnis:

Der neugefaßte Art. 90 ET (Art. 78 Statut) sieht nunmehr zwingend vor, daß der VwGH der Region eine autonome Sektion für die Provinz Bozen aufweist. Die Mitglieder dieser Sektion, die in gleicher Zahl den zwei größeren Sprachgruppen angehören, werden zur *Hälfte* vom *Landtag* von Bozen ernannt (Art. 91 ET, Art. 78 b Statut).

3.2.4. Finanzwesen

Hinsichtlich des *Finanzwesens*[157] muß eine weitgehende Abhängigkeit der Provinz vom Staat konstatiert werden; nur im *Haushalts*bereich ist die Sache anders gelagert. Spricht Art. 119 der italienischen Verfassung zumindest verbal[158] den *Regionen* finanzielle Autonomie (innerhalb der durch Gesetz festgelegten „Formen und Grenzen") zu, ist für die Pro-

---

[155] Analoges gilt auch hier für die Regionalorgane.
[156] Im italienischen ET „ricorso"; in einem neueren Übersetzungsentwurf ist wohl zutreffend übersetzt: „Antrag auf Entscheidung des Kompetenzkonfliktes".
[157] s. hiezu im einzelnen neben dem ABlR und Broschüren Autonome Provinz Bozen–Südtirol die Vorlageberichte des Finanz- und Vermögensassessors zu den Haushaltsvoranschlägen der letzten Jahre ebenso wie die Berichte des Präsidenten des Landesausschusses (jeweils in den Protokollen des Landtages, aber auch gesondert hektographiert); ferner *Albini*, La financa provinciale, in: Amorth (Hrsg.), Le Province, Atti del congresso celebrativo del centenario delle leggi amministrative di unificazione III/2, Milano 1968, 285 ff.; *Moresco*, Grundriß des Finanz- und Rechnungswesens der Gebietskörperschaften, Bozen o. J. (1970?); *Keil*, Die Haushalte von Nord- und Südtirol — Ein Vergleich, staatsw. Diss. Innsbruck 1971; *Magnago*, The situation (FN 11).
[158] Zur derzeitigen Lage *Tomuschat*, Italien (FN 7), 189 ff.

vinz Bozen nicht einmal ein ähnliches Lippenbekenntnis abgegeben worden. Eigensteuern in der Bedeutung, über diese selbständig entscheiden zu können, bestehen nicht[159]. Wie unter 3.2.1.3.4. angeführt, kann jedoch die Provinz Zuschläge auf die von der Region festgesetzten Abgaben auferlegen (Art. 65 Abs. 2 Statut, Art. 73 Abs. 2 ET). Maßgeblich sind hier also grundsätzlich die regionalen Abgaben, die hier nicht näher erörtert werden können. Bis Ende 1974 jedenfalls hat die Region von den ihr eingeräumten Möglichkeiten *nicht* Gebrauch gemacht.

Neben bescheidenen Zuweisungen seitens der Region auf Grund von Regionalgesetzen mit übertragenen Verwaltungsbefugnissen[160], Vermögens- und sonstigen Einnahmen[161] und Darlehensaufnahmen stammen die Einnahmen der Provinz zur Hauptsache aus den Beteiligungen an bzw. Abtretungen und Zuweisungen von staatlichen Steuern, Abgaben und Gebühren. Sie zerfallen in die mit anderen Provinzen gemeinsamen Einnahmen, in die Einnahmen kraft des besonderen Statuts von Südtirol (teils feste, teils veränderliche Quote) und in Zuweisungen an die Provinz auf Grund staatlicher Programmgesetze[162]. Bei den beiden erstgenannten Kategorien handelt es sich nach dem *Text des Statuts*[163] um folgende, jeweils auf die in der Provinz Bozen erzielten Erträge bezogene Bereiche: Strom- und Gasverbrauchssteuer (100 %; Art. 61 Statut, Art. 70 ET), $^9/_{10}$ der von den Konzessionären von Großableitungen öffentlicher Gewässer zu entrichtenden Jahresgebühren (Art. 62 Statut, Art. 71 ET)[164], $^9/_{10}$ des Ertrages der staatlichen Grund-, Gebäude-

---

[159] Wie dem Haushaltsvoranschlag für 1974 (FN 201) zu entnehmen ist, sind nur Gebühren in Höhe von 5 Mill. Lire für die Benützung von öffentlichem Luftraum und Bodenflächen gem. DPLAB 14. 12. 1966 Nr. 12 vorgesehen.

[160] Im Haushaltsvoranschlag für 1974: 160, 1975: 205 Mill. Lire.

[161] Insgesamt für 1974 8294 Mill. Lire, davon im Zusammenhang mit Wasserkraftwerken 900 Mill. plus 950 Mill. Lire sowie Guthaben gegenüber ENEL 2000 Mill. Lire. 1975 insgesamt 12 646 Mill. Lire.

[162] s. dazu im einzelnen den Vorlagebericht des Finanz- und Vermögensassessors zum Haushaltsvoranschlag 1974, 22 ff.; 1975, 23 ff.; für 1973 etwas anders aufgegliedert (z. T. wegen des Übergangsstadiums, z. T. wegen der Steuerreform), s. Vorlagebericht 1973, 24 f. Jene Einnahmen, die auch den übrigen Provinzen zufließen, sind im Voranschlag gesondert ausgewiesen (Kapitel 300 ff.).

[163] Zu den Einschränkungen (Fehlen der Durchführungsbestimmungen) im gegenwärtigen Zeitpunkt sowie zu den Veränderungen (Steuerreform) s. Hinweise unten.

[164] s. dazu auch das „Naturalbezugsrecht" der Provinz auf jährliche kostenlose Lieferung von 220 KWh je KW bewilligter mittlerer Nennleistung von „großen Wasserableitungen"; an Stelle der nicht bezogenen Energie ist halbjährlich 6,20 Lire je KWh zu entrichten (Art. 10 Statut, Art. 13 ET — wertgesichert); s. auch 3.2.2.4.2.1. Sowohl die im Text genannten Einnahmen nach Art. 71 ET als auch die hier angeführten Einnahmen gemäß Art. 13 ET werden unter den „verschiedenen Einnahmen" veranschlagt; s. Hinweise und Beträge in FN 161.

3.2. Die Zuständigkeiten der Provinz Bozen

und Bodenertragssteuern (Art. 67 Statut, Art. 75 ET), $^9/_{10}$ des Ertrages der Einkommensteuer[165] sowie der Einkommensteuer auf Arbeitseinkommen der Arbeitnehmer der Industrie- und Handelsbetriebe[166] (Art. 68 Statut, Art. 76 ET); gemäß Art. 77 ET (Art. 68 b Statut) werden ferner jeweils $^9/_{10}$ folgender Steuern bzw. Gebühren abgetreten: progressive Komplementärsteuer auf das Gesamteinkommen und Steuern auf Gesellschaften und Schuldverschreibungen; Register- und Stempelsteuern sowie Gebühren für staatliche Konzessionen; Verkehrssteuer auf die in der Provinz zugelassenen Fahrzeuge abzüglich der laut Gesetz den Provinzen zustehenden Anteile; Tabakverbrauchssteuer. Ferner wird der Provinz ein Anteil am Ertrag der allgemeinen Einnahmesteuer betreffend das Gebiet der Region und an den Gebühren und Steuern auf die nicht im einzelnen schon angeführten Rechtsgeschäfte (abzüglich der den Provinzen und Gemeinden zustehenden Teile) abgetreten (Art. 78 ET, Art. 68 c Statut)[167].

Dieses relativ klare Bild wurde aber inzwischen tatsächlich weitgehend durch die neue italienische Steuergesetzgebung arg gestört, ja geradezu vernichtet[168]. Es wurde nämlich eine große Zahl der im Statut angeführten Steuern beseitigt bzw. verändert[169].

Von den auch den anderen Provinzen zustehenden Einnahmen wurden beseitigt: Einnahmensteuer, Automobilgebühren, ECA-(Ente Communale Assistenza) Zuschlag; Landeszuschläge auf Industrie-, Handels-, Gewerbe- und Freiberufsteuer sowie Zuschläge auf den Bodenertrag. An deren Stelle wird ein Ersatz im Sinne der Art. 4 und 5 des Dekrets des Präsidenten der Republik vom 26. 10. 1972 Nr. 638 zugewiesen. Für 1974 ist dies ein Betrag von 4725, 1975 von 5059 Mill. Lire[170], der gemäß Art. 8 des zitierten Dekrets bis 1977 jährlich um 10 %[171] erhöht wird.

---

[165] Hinsichtlich dieses Tatbestandes ist die in FN 15 zitierte Novelle ABlR 1963/4 zu beachten, die Bestimmungen über die Berechnung für jene Betriebe enthält, die in der jeweils anderen Provinz oder im übrigen Staatsgebiet ihren Hauptsitz haben.
[166] Letzterer Tatbestand wurde durch die Novelle 1971 neu geschaffen.
[167] Zum Modus der Festsetzung dieses Anteiles s. 3.2.2.4.2.5.
[168] Eine Darlegung dieser einschneidenden Reform ist auch nur in extenso hier *nicht* möglich; es sollen nur die Konsequenzen für Südtirol gestreift werden.
[169] Hinweise zum folgenden in den neuen steuergesetzlichen Bestimmungen, hinsichtlich Südtirol im Haushaltsvoranschlag 1974 und 1975 sowie in den Vorlageberichten 1973 bis 1975.
[170] Gegenüber 1973 eine Erhöhung von ca. 10 %, gegenüber 1974 von nur ca. 7 %.
[171] Wie im Vorlagebericht 1974, Seite 24, wohl zutreffend ausgeführt ist, werden durch die nur 10 % betragende jährliche Erhöhung bedeutend weniger Einkünfte zu erwarten sein als wenn eine Bindung der Einnahmen an den Wirtschaftsablauf bestünde. Somit handelt es sich um eine Regelung,

Hinsichtlich jener Einnahmen, die auf dem besonderen Status von Südtirol beruhen, gilt:

Beteiligung an den Staatsausgaben mit festem prozentuellem Anteil (feste Quote) gemäß Art. 70, 75, 76 und 77 des ET:

Für 1974 sind hier insgesamt 30 670, für 1975 35 328 Mill. Lire[172] vorgesehen. In diesem Bereich sind die staatlichen Steuern z. T. beseitigt, z. T. verändert worden. An Stelle der beseitigten Steuern (Gebäude- und Grundsteuer, Einkommen- und Komplementärsteuer)[173] tritt ein Ersatzbetrag, der sich jährlich bis 1977 um 10 % erhöht, die veränderten Steuern[174] sind an den Wirtschaftsablauf gebunden.

Hinsichtlich der Beteiligung an den Staatsausgaben mit prozentuellem Anteil, der jährlich festzulegen ist (veränderliche Quote)[175] sieht der Voranschlag 1974 36 100, jener von 1975 61 000 Mill. Lire vor, was an sich eine Steigerung von 72 % bzw. 69 % ausmacht. Diese Steigerung ist aber ausschließlich auf die Übernahme neuer Aufgaben zurückzuführen, so daß in diesem Bereich im Hinblick auf die angespannte wirtschaftliche Lage des Staates von Seiten der Provinz auf eine tatsächliche prozentuelle Erhöhung gegenüber 1973 verzichtet wurde[176]!

Auf dem Steuersektor zeigt sich demnach eine verwirrende Lage, indem die im Statut angeführten Steuern beseitigt bzw. wesentlich verändert wurden. An die Stelle der für die Provinz vorgesehenen Anteile treten Ersatzbeträge, deren Steigerung mit 10 % jährlich bis 1977 die ursprünglich zu erwartenden Beträge offenkundig — die bekannt hohe Inflationsrate in Italien spielt hier eine besondere Rolle — erheblich unterschreitet. Es handelt sich dabei um Übergangsregelungen, nach deren Ablauf 1978 die finanzielle Struktur Südtirols dem neuen Steuersystem angepaßt sein muß. Bevor demnach die Neuregelungen des Statuts überhaupt wirksam werden konnten, wurden sie durch die Steuerreform obsolet. Hinzu tritt, daß auf dem Finanzsektor die Durchführungsbestimmungen zum Autonomiestatut *noch nicht* erlassen wurden[177].

---

die der Provinz erhebliches von dem nimmt, was ihr vorher de lege gegeben wurde. Dieser Einwand der jährlich nur 10 %igen Erhöhung gilt auch für die folgenden Hinweise.

[172] Gegenüber 1973 eine Steigerung von ca. 21 %, gegenüber 1974 von ca. 15 %.

[173] s. im einzelnen VI. Titel und Art. 8 des genannten Dekrets des Präsidenten der Republik vom 26. 10. 1972 Nr. 638.

[174] s. Tabaksteuer G. D. 18. 12. 1972 Nr. 687; Registergebühren DP Republik 26. 10. 1972 Nr. 634; Stempelsteuer DP Republik 26. 10. 1972 Nr. 641; staatliche Konzessionsgebühren DP Republik 26. 10. 1972 Nr. 642.

[175] Zur Festlegung s. 3.2.2.4.2.5.

[176] So ausdrücklich Vorlagebericht 1974, 21.

3.2. Die Zuständigkeiten der Provinz Bozen

Wie angedeutet, normiert das Autonomiestatut (s. Art. 79 ET bzw. Art. 68 d Statut), daß Art. 119 Abs. 3 der italienischen Verfassung, wonach der Staat einzelnen Regionen zur Erreichung bestimmter Zwecke durch Gesetz *Sonder*beiträge zuweist, auch auf die Provinzen Trient und Bozen angewendet wird. Die Einnahmen aus diesem Titel betragen für 1974 19 619, 1975 44 419 Mill. Lire. Sie basieren im besonderen auf Art. 9 des Gesetzes für die Finanzierung der Entwicklungsprogramme der Regionen mit Normalstatut und Sonderstatut vom 16. 5. 1970 Nr. 281 sowie einer Mehrzahl weiterer Gesetze[178].

Von der Verfassung, nämlich dem Autonomiestatut her, zeigt sich damit eine fast vollständige Abhängigkeit der Provinz vom Staat, die allerdings durch die schon angeführten Informations- und Interventionsbefugnisse der Provinz[179] gemildert wird. Vom Autonomiestatut her ist dennoch die finanzielle Ausstattung der Provinz voll gesichert, sodaß keineswegs die Autonomie über den Umweg einer schmalen materiellen Basis illusorisch wird[180]. Das zeigt an sich auch der im folgenden gegebene Überblick über die Entwicklung des Budgets der Provinz Bozen, bei welchem allerdings zu beachten ist, daß auch die von der Provinz zu erfüllenden Aufgaben eine erhebliche Ausweitung erfahren haben.

Als gefährlich erweisen sich jedoch in diesem Zusammenhang 2 Elemente: Die Steuerreform, die eine Neuordnung des Finanzsystems des Autonomiestatuts notwendig macht; dabei könnten für die Provinz erhebliche Verluste eintreten (s. auch schon die oben erwähnten Verzichte auf berechtigte Erhöhungen der Zuweisungsbeträge). Vor allem aber sind es die am Rande des Ruins stehenden Staatsfinanzen Italiens, die höchst negative Auswirkungen auch auf die Finanzen der Provinz befürchten lassen[181].

---

[177] Der Vorlagebericht für 1974, 18 nannte noch an *offenen* Durchführungsbestimmungen ausdrücklich die öffentliche Betreuung und Wohlfahrt, Hygiene und Gesundheitswesen, Verkehrswesen, Handel, Lokalfinanzen und hauptsächlich die finanziellen Normen, die im VI. Titel des Statuts vorgesehen sind. s. Text nach FN 30.

[178] Sie können hier nicht im einzelnen angeführt werden, sind jedoch zu entnehmen den Haushaltsvoranschlägen 1973 bis 1975 sowie den Vorlageberichten hiezu (1973: Seite 28; 1974: Seite 25 f.)! Beachte vor dem im Text zitierten Staatsgesetz das Gesetz vom 27. 7. 1967 Nr. 685.

[179] s. Art. 82 ET (Art. 71 Statut) — 3.2.2.4.3.6.

[180] Eine solche Gefahr wurde aber etwa von *Brugger / Benedikter / Dalsass*, Südtirol (FN 22), 40 ff. (43) in der „Bilanzgarantie" gesehen.

[181] Aufhorchen muß lassen, daß das erste Mal auch der Bericht des Landeshauptmannes zum Haushaltsvoranschlag 1974 umfangreiche und überwiegend pessimistische Ausführungen zur Gesamtlage der italienischen Wirtschaft und der Finanzen gemacht hat. Nach T. T. 4. 6. 1975, 2, schuldet der Staat der Provinz Bozen 190 000 Mill. Lire!

Der Provinz ist seit je (Art. 72 Statut, Art. 83 ET) neben der Region und den Gemeinden ein *eigener Haushalt* zugebilligt, wobei das Geschäftsjahr mit dem „Sonnenjahr" zusammenfällt. Haushaltsvoranschläge und Rechnungsabschlüsse samt Begleitbericht werden vom Landesausschuß erstellt und mit Landesgesetz genehmigt. In diesem Zusammenhang ist auch auf die — durch die Novelle 1971 neugeschaffene — Befugnis der Provinz hinzuweisen, bis zum Höchstbetrag der ordentlichen Einnahmen „interne" *Anleihen aufzulegen,* um sie in „bleibenden Bauten" anzulegen (Art. 66 Statut, Art. 74 ET).

Eine — umstrittene — Besonderheit bildet die sogenannte „Bilanzgarantie" bzw. „Haushaltsgarantie" zugunsten der italienischen Sprachgruppe[182] (Art. 84 ET, Art. 73 Statut). Über Antrag der Mehrheit einer Sprachgruppe erfolgt danach die Abstimmung über die einzelnen Kapitel des Haushaltsvoranschlages nach Sprachgruppen[183]. Jene Haushaltskapitel, die nicht die Mehrheit der Stimmen jeder einzelnen Sprachgruppe erhalten werden innerhalb von 3 Tagen einer besonderen, aus 4 Mitgliedern (paritätische Besetzung durch die beiden stärksten Sprachgruppen Südtirols) bestehenden Kommission unterbreitet. Diese hat innerhalb weiterer 15 Tage die endgültige Benennung der Kapitel und die Höhe der entsprechenden Ansätze für den Landtag verbindlich festzusetzen. Wird in der Kommission keine Mehrheit für einen abschließenden Vorschlag erreicht, übermittelt der Präsident des Landesausschusses innerhalb von weiteren 7 Tagen den Entwurf des Haushaltsvoranschlages samt Verfahrensunterlagen an die Autonome Sektion Bozen des regionalen VwGH. Diese Sektion hat innerhalb von weiteren 30 Tagen mit *Schiedsspruch* über die Benennung der nicht genehmigten Kapitel und über die Höhe der strittigen Ansätze zu entscheiden.

In der Tat handelt es sich hier um ein kompliziertes, viele Tücken aufweisendes Verfahren, das sicherlich in vielfacher Hinsicht kritisierbar ist[184]. Die Hoffnungen liegen offenkundig darin, das Damoklesschwert nur schwebend, nicht in Aktion zu sehen.

---

[182] Analoges gilt auf Regionalebene zugunsten der deutschen Minderheit.
[183] *Ausgenommen* von diesem Verfahren sind gemäß Abs. 6 des Art. 84 ET (74 Statut) die Einnahmekapitel sowie jene Ausgabekapitel, deren Ansätze auf Grund gesetzlicher Bestimmung erfolgen bzw. die sich auf normale Kosten für die Ämter der Körperschaften beziehen.
[184] Nicht zuletzt auch wegen der Befassung eines richterlichen Organs mit haushaltspolitischen Fragen — soweit ich sehe eine einmalige Konstruktion, die auch bei grundsätzlich positiver Einstellung zur Entwicklung des „Gesetzesstaates zum Richterstaat" die Befürchtung der Gefährdung des Richtertums durch politische Überforderung aufkommen lassen müßte.

3.2. Die Zuständigkeiten der Provinz Bozen

Der Haushalt der Provinz Bozen zeigt ab 1967[185] folgende Entwicklung (in Klammer zu Vergleichszwecken der Haushalt der Region Trentino Südtirol)[186]:

1967:	11 358 225 600[187]	(24 543 Mill.[188])
1968:	12 722 793 930[189]	(31 026 Mill.[190])
1969:	16 812 505 660[191]	(31 921 Mill.[192])
1970:	18 716 819 030[193]	(35 078 Mill.[194])
1971:	21 493 507 890[195]	(41 779 Mill.[196])
1972:	31 544 035 590[197]	(47 762 Mill.[198])
1973:	77 194 925 000[199]	(14 866 Mill.[200])
1974:	110 083 525 100[201]	(17 598 Mill.[202])
1975:	169 835 190 000[203]	(18 196 Mill.[204]).

---

[185] Zu Vergleichszwecken genügen die Angaben ab diesem Zeitpunkt; vollständiger (allerdings in öS umgerechnet) Überblick von 1949 - 1970 bei *Keil*, Haushalte (FN 157), 22 ff. Die plötzliche Explosion des Budgetrahmens zeigt deutlich die Verwirklichung des Ausbaus der Autonomie der Provinz bzw. die Beschränkung der Aufgaben der Region.

[186] *Nicht* berücksichtigt wurden die während des Haushaltsjahres beschlossenen Änderungen, die z. T. ein erhebliches Maß aufweisen und auf welche mögliche Differenzen in den Daten zurückzuführen sind. Die Bedachtnahme auf den Rechnungsabschluß schien wegen des Fehlens der neuesten nicht zielführend. In Das Ausmaß der neuen Landesautonomie im Spiegel der Zahlen des Landeshaushaltes, in: Autonome Provinz Bozen-Südtirol 6 (1973), 16, ergaben sich folgende Erhöhungen gemäß den Rechnungsabschlüssen: 1970: 19 482 Mill.; 1971: 25 309 Mill.; 1972: 44 430 Mill. (!!).

[187] LG 11. 2. 1967 Nr. 5, OrdB ABlR 1967/9.

[188] Dekret des Innenministers 26. 4. 1967 Nr. 1516, ABlR 1967/19.

[189] LG 26. 1. 1968 Nr. 3, OrdB ABlR 1968/6.

[190] DIM 23. 3. 1968 Nr. 957, OrdB ABlR 1968/13.

[191] LG 28. 5. 1969 Nr. 2, OrdB ABlR 1969/21.

[192] DIM 16. 5. 1969 Nr. 1465, OrdB ABlR 1969/19. Ein Blick auf den Rechnungsabschluß 1969 (RG 20. 11. 1970, ABlR 1970/49) zeigt jedoch eine erhebliche Ausdehnung: Einnahmen: 41 285 152 576; Ausgaben: 39 723 449 453!

[193] LG 1. 6. 1970 Nr. 10, OrdB ABlR 1970/24.

[194] RG 27. 5. 1970 Nr. 7, OrdB ABlR 1970/24.

[195] LG 2. 5. 1971 Nr. 6, OrdB ABlR 1971/19.

[196] RG 16. 4. 1971 Nr. 7, OrdB Nr. 2 ABlR 1971/17.

[197] LG 16. 6. 1972 Nr. 10, OrdB ABlR 1972/30; Beginn der Budgetexplosion.

[198] RG 26. 5. 1972 Nr. 14, OrdB ABlR 1972/26.

[199] LG 25. 7. 1973 Nr. 20, OrdB ABlR 1973/36.

[200] RG 3. 5. 1973 Nr. 5, OrdB ABlR 1973/20.

[201] LG 26. 8. 1974 Nr. 5, OrdB Nr. 2 ABlR 1974/41.

[202] ABlR 1974/32 (Sondernummer); ursprünglich war geschätzt worden, daß das Regionalbudget nach Abgabe der vorgesehenen Aufgaben an die Provinzen ca. 6 - 8 Mia. Lire betragen werde.

[203] LG 15. 5. 1975 Nr. 23, OrdB ABlR 1975/26.

[204] RG 22. 1. 1975 Nr. 4, ABlR 1975/5.

4. Zur Verwaltungsstruktur Südtirols

4.1. Bevölkerungsstruktur

Als wichtige Grundlagen für die Beurteilung eines Verwaltungssystems gelten jedenfalls die Bevölkerungs- und Wirtschaftsstruktur und -entwicklung[205]. Während ein Eingehen auf die Wirtschaftskomponente nicht möglich ist[206], soll zumindest ein Überblick über die Bevölkerungsentwicklung gegeben werden, um in etwa einen Einblick in die Größenordnung der zu verwaltenden Einheit und der sich daraus ergebenden Notwendigkeiten zu bieten.

Anwesende bzw. ansässige Bevölkerung[207]:

---

[205] Um nur ganz grob einen Bezugsrahmen für die obigen Hinweise anzubieten sei auf *Wagener*, Neubau der Verwaltung, Schriftenreihe der Hochschule Speyer 41, Berlin 1969, verwiesen. Die Lage in Südtirol ist vor allem insoferne vereinfacht, als die Größe der zu verwaltenden Einheit vorgegeben ist (einschließlich Wirtschafts- und Bevölkerungsentwicklungsprognosen) und deshalb die Frage nach der optimalen Größe der Verwaltungseinheit gar nicht gelöst werden muß.

[206] Als weiterführende Hinweise mögen gelten: *Leidlmeier*, Bevölkerung und Wirtschaft in Südtirol, Innsbruck 1958; *Pan* (Hrsg.), Die wirtschaftliche und soziale Lage Südtirols und ihre Entwicklungsmöglichkeiten, Schriftenreihe des Südtiroler Wirtschafts- und Sozialinstituts 3, Bozen 1963; *derselbe*, Die wirtschaftliche und soziale Problematik Südtirols, in: Humanitas Ethnica, FS Theodor Veiter (hrsg. von Riedl), Ethnos 5, Wien - Stuttgart 1967, 130 ff.; einen sehr guten Überblick bietet *Stadlmayer*, Die Südtiroler Volksgruppe, in: Straka (Hrsg.), Handbuch der europäischen Volksgruppen, Ethnos 8, Wien - Stuttgart 1970, 354 ff.; *dieselbe*, Neuer Beginn für Südtirol, in: Senn (Hrsg.), Die Behauptung Tirols, Innsbruck - München 1973, 15 ff. Zu diversen Einzelfragen ist auf die von *Ulmer* begründete Reihe Beiträge zur alpenländischen Wirtschafts- und Sozialforschung zu verweisen, in welcher mehrere Dutzend Veröffentlichungen zu Südtiroler Wirtschaftsfragen erschienen sind. Auch die Broschüre Autonome Provinz Bozen-Südtirol enthält informative Überblicke. Hervorzuheben sind ferner die Budgetreden des Landeshauptmannes (StenProt. des Südtiroler Landtages sowie jeweils zusätzlich hektographiert) sowie das „Politische Programm" für die VI. und VII. Legislaturperiode. Schließlich geben umfassende Informationen: *Entwurf Raumordnungsplan* der Autonomen Provinz Bozen, 2 Bde, Bozen 1967 (Jänner) [Entwurf der Landesverwaltung]; *Landesraumordnungsprogramm* Südtirol 1970, 2 Bde., [„Expertenentwurf"] und darauf basierend: *Wirtschaftliches Entwicklungsprogramm* für die Fünfjahresperiode 1966 - 70 (29. 1. 1968); *Proposta* di Programm-Quadro di Sviluppo Economico-Territoriale dell'Alto Adige 1972 - 1981 (nur im Besitz der Mitglieder der Landesregierung sowie von Beamten); sowie *Südtirol* 1981, Vorbereitendes Dokument für ein Landesentwicklungsprogramm, Bozen 1973 (Oktober).

[207] Zum Teil differieren die Daten. Hier werden nicht unmittelbar die *ISTAT*-Ergebnisse wiedergegeben, sondern aus den in fast jeder Unter-

4.1. Bevölkerungsstruktur

	1910 [a]	1921 [b]	%	1953 [b]	%	1961 [b]	%	1971 [c]	%
Gesamt	242.000	254.735		345.772		373.863		414.041	
Deutsche	235.000	193.271	(75,87)	214.257	(61,97)	232.717	(62,25)	260.351	(62,9)
Ladinische	7.000 (3%)	9.910	(3,89)	12.696	(3,67)	12.594	(3,37)	15.456	(3,7)
Italienische	?	27.048	(10,62)	114.568	(33,13)	128.271	(34,31)	137.759	(33,3)
Andere		24.506	(9,62)	4.251	(1,23)	281	(0.07)	475	(0,1)

a) Nach *Stadlmayer, Die Südtiroler Volksgruppe* (FN 206), 356; b) Nach *Wirtschaftliches Entwicklungsprogramm für die Fünfjahresperiode 1966 - 70* (FN 206), 13; c) *Südtirol 1981* (FN 206), 10.

4.2. Verwaltungsaufbau und Verwaltungspersonal

Der Aufbau der Landesverwaltung und der öffentliche Dienst sind in Südtirol gegenseitig mehr bedingt als anderswo und durch die spezifische historische Entwicklung geformt. Ab der Abtrennung Südtirols von Österreich nach dem 1. Weltkrieg und der Angliederung an Italien wurden in den öffentlichen Dienst deutschsprachige Südtiroler kaum mehr aufgenommen, der Faschismus verstärkte diese Praxis noch. Als 1948/1949 die Provinzialverwaltung auf Grund des neuen Autonomiestatuts buchstäblich über Nacht aus dem Boden gestampft werden mußte, fehlte es weitgehend an deutschsprachigen[208] Beamten und an den von diesen getragenen Erfahrungen. In erheblichem Maß erfolgte der Aufbau der Verwaltung durch Personen, die vorher keine Erfahrung in der öffentlichen Verwaltung gesammelt hatten. So mußte auf alle jene Vorteile, die eine sicherlich nicht fehlerfreie Beamtentradition (z. B. alt-österreichischer Prägung) hat, verzichtet werden, ohne daß zukunftsorientierte Konzepte an deren Stelle getreten wären. Es erfolgte eine Orientierung am System des italienischen öffentlichen Dienstes, das erhebliche Kritik erfährt[209], ohne daß sich allerdings ein so fixiertes überwiegend negatives Rollenbild des Beamten entwickelt hat, wie dies augenscheinlich insgesamt für Italien gilt[210]; aber auch eine eindrückliche positive Profilierung ist bisher im wesentlichen nicht erfolgt[211]. Die mehr als 2 Jahrzehnte dauernde Auseinandersetzung um

---

suchung über Südtirol enthaltenen Angaben über die Bevölkerung folgende Grundlagen herangezogen: *Stadlmayer*, Die Südtiroler Volksgruppe (FN 206), 356 f., insbesondere FN 1 bis 4 (präzise Hinweise zu den einzelnen Fundstellen); *Wirtschaftliches Entwicklungsprogramm* für die Fünfjahresperiode 1966 - 70 (FN 206), 13; *Südtirol 1981* (FN 206), 10. Beachte in diesem Zusammenhang *Toepfer*, Die Abwanderung deutschsprachiger Bevölkerung aus Südtirol nach 1955, Beiträge zur alpenländischen Wirtschafts- und Sozialforschung 159, Innsbruck 1973; *Leidlmeier*, Südtirol als bevölkerungsgeographisches Problem, Mitteilungen der österr. geographischen Gesellschaft 115 (1973), 5 ff. Zur Volkszählung 1971: W. Z. 15. 8. 1971, 2; T. T.: 30. 10. 1972, 5; 31. 10. 1972, 16; 15. 11. 1972, 2; 17. 11. 1972, 2.

[208] Im Sinne der Verwirklichung der Autonomie war und ist die Führung der Verwaltung durch Angehörige der *deutschen* Sprachgruppe ein zentrales Anliegen.

[209] s. dazu neuestens *Satta*, Landesbericht Italien, in: Kaiser / Franz Mayer / Ule (Hrsg.), Recht und System des öffentlichen Dienstes, Studienkommission für die Reform des öffentlichen Dienstrechts I, Baden-Baden 1973, 155 ff.; nicht wenige der dort gemachten kritischen Bemerkungen treffen konsequenterweise auch auf den öffentlichen Dienst Südtirols zu, ohne daß auf sie hier näher eingegangen werden kann.

[210] Konsequenterweise gilt die Verwaltung Südtirols zwar innerhalb Italiens als zur Spitze gehörig, was allerdings für internationale Maßstäbe nicht allzu viel aussagen dürfte.

[211] Beachte etwa *Stadlmayer*, Südtirol 1970 (FN 32), 176: „Südtirol stellte zwar eine große Reihe von Beamtendynastien und von bedeutenden Wissenschaftlern, aber ihre Wirkungsstätte war Innsbruck oder Wien, und nach 1918 blieben sie in Österreich". a.a.O. 179 f.: „Die Generation der heutigen

4.2. Verwaltungsaufbau und Verwaltungspersonal

die Verwirklichung der Autonomie in Südtirol hat — wie eingangs angeführt — besondere Bemühungen um die Verwaltungsstruktur gehindert. Daran hat sich im Hinblick auf die Durchführung der verfassungsrechtlich stark erweiterten Autonomie und der damit verbundenen weiterhin „nach außen" gerichteten Belastung der politischen Spitze noch nichts geändert. Neuesten Erklärungen zufolge[212] soll ernstlich an die Neuorganisation der Verwaltung geschritten werden; bei Abschluß dieses Berichtes wird intern tatsächlich an einer umfassenden neuen „Ämterordnung"[213] gearbeitet. Wenn im folgenden auch einige kritische Hinweise erfolgen ist also zweierlei zu beachten: daß gewisse Mängel spezifisch historisch bedingt sind und daß an ihrer Behebung gearbeitet wird[214]. Dies kann jedoch nicht den Vorwurf hindern, daß abgesehen von der unterbliebenen Verbesserung der Verwaltung im Hinblick auf die Erfüllung der bisher bestandenen Aufgaben kaum entsprechende Schritte zur reibungslosen Übernahme der vielen durch die Novelle 1971 geschaffenen Aufgaben der Provinz gesetzt wurden. Das gilt sowohl für die organisatorische[215] als auch für die personelle Seite. Letztere hängt zugegebenermaßen auch mit dem sehr diffizilen Komplex „Bildungsplanung" zusammen[216]; aber auch sehr reale Mög-

---

Verwaltungsbeamten hat keinerlei Verbindung mehr zum altösterreichischen Verwaltungsstil, dem ein bißchen mehr Sein als Schein im Blute lag und der bescheidene neu-österreichische Stil blieb ihm fremd; so sieht sie nur das italienische Vorbild, das bei den Italienern selbst keineswegs beliebt ist, und die Gefahr liegt nahe, daß sie sich an ihm orientiert". Von Interesse auch T. T. 10. 11. 1972, 1.

[212] s. das Programm der Landesregierung für die 7. Legislaturperiode: in den Protokollen des Landtages über die Sitzung am 15. 3. 1974 sowie in Autonome Provinz Bozen-Südtirol Nr. 7 (1974), 30 ff. (30). s. auch die besondere Hervorhebung im Begleitwort des LH a.a.O. 25. Bei Fahnenkorrektur haben meine Kollegen *Klecatsky* und *Wimmer* für das Südtiroler Bildungszentrum Vorbereitungsarbeiten für eine Reform aufgenommen.

[213] Dabei handelt es sich um eine jahrelang vorgebrachte Forderung der Beamten, die sicherlich auch wegen der damit möglichen Machtverschiebung von der politischen Spitze zum Beamtentum so lange nicht erfüllt wurde.

[214] Hinreichend konkrete Unterlagen waren noch nicht zu erhalten, so daß auf die „Neubaupläne" nicht Bedacht genommen werden konnte.

[215] Beispielsweise sei nur angeführt die Frage der *räumlichen* Unterbringung der Landesverwaltung. Bis vor einem Jahr war nicht einmal sicher geklärt, ob die Ämter in einem zu errichtenden Komplex zusammengeführt oder die Dezentralisierung beibehalten werden soll. Gegenwärtig scheint ein größerer Neubau in Aussicht genommen unter Beibehaltung zumindest eines Teiles der bestehenden Räumlichkeiten (insbesondere im Landhaus). Ein konkreter Termin für den Baubeginn ist nicht in Aussicht gestellt. s. nunmehr Autonome Provinz Bozen-Südtirol Nr. 8 (1974), 36 ff. Bericht der 3. Kommission Haushaltsvoranschlag 1975, 4; Bericht LH Budget 1975, 80 ff.; T. T. 18. 4. 1975, 7.

[216] s. dazu *Meyer-Simon*, Wirtschaftswachstum und Bildungsplanung in Südtirol. Eine Vorschau bis 1981, Beiträge zur alpenländischen Wirtschafts- und Sozialforschung 74, Innsbruck 1970; ferner 2 im Zeitpunkt der Abfassung dieses Berichtes in der Endredaktion befindliche Forschungsprojekte, deren

lichkeiten wie entsprechende Kontaktierung des qualifizierten Regionalpersonals mit dem Ziele, *dieses* für die Südtiroler Verwaltung zu gewinnen, wurden nicht ausgeschöpft[216a].

4.2.1. Ethnischer Proporz bei Stellenbesetzungen

Die Verfassung Italiens enthält hinsichtlich des öffentlichen Dienstes nur wenige Bestimmungen[217]. Für Südtirol ist im Hinblick auf die Berücksichtigung des *ethnischen Proporzes*[218] bei Besetzung öffentlicher Ämter der Gleichheitssatz im allgemeinen (Art. 3 Verf.), insbesondere aber in seiner speziellen Ausprägung der allgemeinen Zugänglichkeit zu diesen Ämtern (Art. 51 Verf.) von Bedeutung[219]; der VfGH hat derartige Regelungen für zulässig erachtet[220, 221].

In Verfolgung der Bestimmung des Art. 1 Abs. 2 lit. d des Pariser Abkommens, wonach den Staatsbürgern deutscher Sprache u. a. die Gleichberechtigung hinsichtlich der Einstellung in öffentliche Ämter gewährt wird, um ein angemesseneres[222] Verhältnis der Stellenvertei-

---

Vorprojekte lauten: *Clement / Lukesch / Singer*, Vorprojekt: Ökonomische Aspekte einer Bildungsplanung für Südtirol, Institut für Wirtschafts- und Gesellschaftspolitik der Universität Innsbruck, Innsbruck 1972; *Gstettner / Köckeis / Seidl / Weiss / Wieser*, Bildungsplanung für Südtirol. Entwurf für die Forschungsaktivitäten des Instituts für Erziehungswissenschaft, Heft 15 der Arbeiten dieses Instituts Innsbruck 1972. Nunmehr ist zu beachten die *Schriftenreihe* des Assessorates für Öffentlichen Unterricht und Kultur, Reihe B: Forschungsberichte, bislang Heft 1 - 4 (1974). Beachte ferner die Bestrebungen um die Erleichterung der *universitären* Ausbildung der deutschsprachigen Südtiroler.

[216a] Anders wohl die Provinz Trient; s. auch T. T. 10. 11. 1972, 1.

[217] s. die Hinweise bei *Satta*, Landesbericht (FN 209), 157.

[218] Auf Landesebene verwirklicht, bei Staatsämtern gemäß Paket und novelliertem Statut zu verwirklichen; s. Hinweise unten.

[219] Zu den Grundrechten allgemein und insbesondere auch zu den angeführten s. den Großteil der in FN 6 angeführten Werke zum italienischen Verfassungsrecht. Ferner *Leisner*, Die klassischen Freiheitsrechte in der italienischen Verfassungsrechtsprechung, JBÖffR NF 10 (1961), 243 ff.; *Rinck*, Die höchstrichterliche Rechtsprechung zum Gleichheitssatz in der Bundesrekublik, der Schweiz, Österreich, Italien, USA und Indien, JBÖffR NF 10 (1961), 269 ff. (340 f.); *Gerin*, Menschenrechte Grundfreiheiten und die Behandlung der Minderheiten unter besonderer Berücksichtigung der italienischen Rechtsordnung, in: Die Menschenrechte, Entwicklung — Stand — Zukunft (hrsg. von Veiter / Klein), Wien 1966; *Rossano*, Schutz der Gleichheit (FN 9); *derselbe*, Gleichheitssatz (FN 9); *Calamandrei / Barile*, Die Grundfreiheiten in Italien, in: Die Grundrechte I/2 (hrsg. von Bettermann / Neumann † / Nipperdey), Berlin 1967, 659 ff.

[220] Beachte insbesondere auch Art. 6 Verf., wonach der Staat mit besonderen Bestimmungen die sprachlichen Minderheiten schützt.

[221] Beachte VfGH 15 und 33/1960, 42/1961, 86 und 92/1963; Hinweise in FN 219 sowie *Sciascia*, Entwicklung (FN 6), 220 ff.; *Weingart*, Besetzung (FN 151).

[222] In manchen Texten unzutreffend als „angemessenes" Verhältnis wiedergegeben.

4.2. Verwaltungsaufbau und Verwaltungspersonal

lung zwischen den „beiden" Volksgruppen zu erzielen, wurde in der Südtiroler Landesverwaltung seit 1959 besonders bedachtsam der ethnische Proporz verwirklicht. Art. 29 Abs. 1 des nach jahrelangen Vorarbeiten im Jahre 1959 geschaffenen Gesetzes über die Ordnung der Ämter und des Personals der Landesverwaltung Bozen[223] (im folgenden abgekürzt: ÄuPO) i. d. F. Art. 10 LG 12. 11. 1964 Nr. 16 sieht vor, daß bei allen Personalaufnahmen in die Landesämter die „Richtlinie" befolgt wird, den zahlenmäßigen Bestand des Personals dem der *Sprachgruppen* anzupassen wie sie im *Landtag* vertreten sind. Im Anschluß an die Regionalratswahlen im November 1973, bei welchen die KPI einen *deutsch*sprachigen Kandidaten durchbrachte und sich insgesamt das Verhältnis der Sprachgruppen im Südtiroler Landtag im Verhältnis zu den Ergebnissen der Volkszählung zugunsten der deutschen Sprachgruppe verschob[224] entzündete sich nicht nur in Bezug auf die proporzmäßige Zusammensetzung des Landesausschusses, sondern auch in Bezug auf die Grundlage der proporzmäßigen Besetzung der öffentlichen Ämter der Provinz Bozen die Streitfrage, ob der Proporz im Landtag oder jener auf Grund der Ergebnisse der Volkszählung (zuletzt 1971) maßgeblich sei[225]. Dies zumal unter dem Gesichtspunkt, daß hinsichtlich *staatlicher* öffentlicher Ämter der neue Art. 77 b des Statuts (Art. 89 ET) — von noch zu behandelnden Ausnahmen abgesehen — auf das Verhältnis der Sprachgruppen nach der amtlichen Volks-

---

[223] LG 3. 7. 1959 Nr. 6, ABlR 1959/36; dieses zentrale LG wurde vielfach novelliert; ein Teil der Novellen ist zu finden bei dem von der Provinz herausgegebenen Einheitstext (bis einschließlich LG 26. 1. 1967 Nr. 3) sowie bei *Gutmann*, Le funzioni (FN 46), 56 f.; folgende Novellen sind in letzter Zeit ergangen: Landesgesetze 15. 1. 1970 Nr. 2 (in Klammer jeweils ABlR: 1970/6); 11. 8. 1971 Nr. 10 (1971/37); 29. 11. 1971 Nr. 15 (1971/54); 21. 2. 1972 Nr. 4 (1972/10, Berichtigungen 1972/16 und 1972/32); 10. 8. 1972 Nr. 16 (1972/40); 27. 8. 1972 Nr. 23 (1972/44); 3. 12. 1972 Nr. 32 (OrdB 1972/54); 2. 3. 1973 Nr. 9 (1973/13); 7. 9. 1973 Nr. 33 (1973/42); 12. 7. 1974 Nr. 2 (1974/34, Druckfehlerberichtigung ABlR 1974/41); 13. 7. 1974 Nr. 3, (1974/34); nunmehr 11. 1. 1975 Nr. 1 (1975/6), wodurch u. a. der Stellenplan um ca. 200 (!) Planstellen erweitert wurde, sowie LG FN 132. Von einem überblickbaren Gesetz, insbesondere hinsichtlich der permanent veränderten Besoldungsverhältnisse, kann wahrlich keine Rede sein. Im übrigen bestehen für einige Dienstzweige besondere gesetzliche Bestimmungen (s. Hinweise in der zitierten Ausgabe der ÄuPO der Provinz), wobei insbesondere die Berufsschulungspersonal (LG 5. 9. 1964 Nr. 15, mehrfach geändert, zuletzt LG 24. 11. 1973 Nr. 76, ABlR 1973/53 und LG 22. 1. 1975 Nr. 9, ABlR 1975/9) und das Personal des Landtages (vom Landtag am 14. 6. 1960 genehmigte DVO ABlR 1960/32, nunmehr Beschluß des Landtages 25. 7. 1972 Nr. 4/190/72, ABlR 1972/39) hervorgehoben seien.

[224] s. hier und zum folgenden Hinweise o. nach FN 88.

[225] s. T. T.: 24. 11. 1973, 2; 1. 3. 1974, 2; 5. 3. 1974, 2; 6. 3. 1974, 1. Beachte insbesondere die Warnung des Landeshauptmannstellvertreters Assessor Dr. *Benedikter* lt. T. T. 6. 3. 1974, 1, der vor möglichen Auswirkungen auf die Verhandlungen der Zwölferkommission warnte und die Übernahme der Verantwortung für den (übrigens der derzeitigen Rechtslage entsprechenden) Beschluß der SVP auf Beachtung des Landtagsproporzes ablehnte.

zählung abstellt. Der derzeitige Stand ist durch einen Gesetzentwurf zweier Abgeordneter (PCI und KPI) gekennzeichnet, der auf eine Änderung des Art. 29 Abs. 1 ÄuPO dahingehend abzielt, für die proporzmäßige Besetzung der öffentlichen Ämter des Landes das Volksgruppenverhältnis gemäß der Volkszählung für verbindlich zu erklären[226].

4.2.2. Ethnischer Proporz bei staatlichen und halbstaatlichen Stellen

In diesem Zusammenhang scheint es — über den Bereich der Landesverwaltung hinausgreifend — erforderlich, die seit Jahrzehnten im Mittelpunkt der politischen Auseinandersetzungen stehende Frage der proporzmäßigen Besetzung *staatlicher* und *halbstaatlicher* Stellen zu beleuchten. Auch und gerade hier ist der zitierte Art. 1 Abs. 2 lit. d des Pariser Abkommens die zentrale Norm, deren Verwirklichung bisher unterblieben ist[227].

Zunächst stellt sich die Frage, *welche* staatlichen bzw. halbstaatlichen Einrichtungen in der Provinz Bozen bestehen. Eine vollständige Aufzählung muß hier unterbleiben[228], doch seien insbesondere hervorgehoben an staatlichen Stellen: Post- und Telegraphenverwaltung, Eisenbahnverwaltung, Staatsbauamt, Finanzintendanz, Amt der direkten Steuern, Quästur, Staatsbahnen, Justiz, Staatsstraßenverwaltung, Arbeitsamt und Arbeitsinspektorat, sowie Militärbehörden. Eine besondere Bedeutung kommt dem Regierungskommissär[229] zu, der die Staatsregierung in der Provinz vertritt.

---

[226] s. Autonome Provinz Bozen-Südtirol Nr. 7 (1974), 17.

[227] Eine nähere Auseinandersetzung der Problematik im einzelnen kann hier nicht erfolgen, darüber gibt der Großteil der zitierten Arbeiten über Südtirol Auskunft; insbesondere sei auf *Weingart*, Besetzung (FN 151) verwiesen.

[228] s. jedoch die Wiedergabe in den Jahrbüchern der Region, zuletzt *Annuario* 1974 (in deutsch noch nicht erschienen); zahlreiche Hinweise und kritische Bemerkungen enthält auch *Weingart*, Besetzung (FN 151), 48 ff., 60 ff.

[229] Diese Funktion ist aus dem Präfekten hervorgegangen und findet ihre Regelung in Art. 76 und 77 des Statuts bzw. Art. 87 und 88 ET; im Laufe der Entwicklung wurde — was z. T. stark kritisiert wurde — ein Regierungsvizekommissär in Bozen eingesetzt (s. Dekret des Regierungskommissärs 11. 9. 1971 Nr. 3500/Kab., ABlR 1971/39). Nach der Novellierung des Autonomiestatuts im Jahre 1971 ist sowohl für die Provinz Trient wie auch für die Provinz Bozen ein Regierungskommissär vorgesehen, in dessen Aufgabenbereich neben der Aufsicht über fast alle Staatsämter und der der Provinz übertragenen staatlichen Verwaltungsagenden sowie der Aufrechterhaltung der öffentlichen Ordnung alle Angelegenheiten fallen, die ehemals vom Präfekten zu führen waren (Art. 76 Statut, Art. 87 ET). Zur Ernennung des Regierungskommissärs DP Republik 1. 5. 1972, G. U. 1972/148, ABlR 1972/30; Durchführungsbestimmungen DP Republik 1. 2. 1973 Nr. 49, G. U. 1973/84.

4.2. Verwaltungsaufbau und Verwaltungspersonal

Halbstaatliche Einrichtungen:

Neben den weiter unten angeführten, auf welche alleine der ethnische Proporz angewendet wird, z. B. Rotes Kreuz, Banca d'Italia, ENAL (Nationale Körperschaft zur Betreuung der Werktätigen), INCIS (Wohnbau für Angestellte), AGIP, ENEL, RAI-TV (Rundfunk-Fernsehen), ONIG (Kriegsinvaliden-Hilfswerk), ONOG (Kriegswaisen), ONPI (Pensionisten-Hilfswerk) u. a.

Die weitere Frage, wie viele Stellen diese Einrichtungen aufweisen, ist schwer zu beantworten. Die allgemein zugänglichen Daten stammen aus dem Jahre 1968, basieren nicht auf präzisen Erhebungen[230] und sprechen von ca. 13 000 staatlichen Stellen (plus Lehrkräfte)[231] sowie von ca. 2200[232] halbstaatlichen[233].

Allerdings ist die Berücksichtigung des ethnischen Proporzes nicht für *alle* diese Stellen vorgesehen (Art. 89 ET, Art. 77 b Statut). Mit allgemeiner Zustimmung wurde der militärische Bereich ausgenommen; innerhalb des verbleibenden Zivilbereichs wurden — z. T. heftig kritisiert — weitere 3 Bereiche von der Anwendung des Proporzes ausgeklammert: Der höhere Dienst des Innenministeriums, die Sicherheitspolizei und das Verwaltungspersonal des Verteidigungsministeriums. Die verbleibenden Stellen, unter welche auch die *richterlichen* fallen, werden im Verhältnis der Stärke der Sprachgruppen nach der amtlichen *Volkszählung* in der Weise vergeben[234], daß schrittweise der Proporz nach Maßgabe des Freiwerdens von Stellen verwirklicht wird. Die zur Realisierung erforderlichen Durchführungsbestimmungen wurden noch nicht erlassen, sondern stehen in Beratung der Zwölfer- bzw. Sechserkommission in Rom[235].

---

[230] Diese hätten für die meisten Ämter vom Regierungskommissär angeordnet werden können, was aber nicht der Fall war. Doch kann auch der Südtiroler Landesverwaltung nicht der Vorwurf erspart werden, auf diesem Gebiet zu wenig getan zu haben.

[231] Diese Zahlen gehen auf den Bericht der Handelskammern Bozen und Trient vom Oktober 1968 über die wirtschaftliche Lage der Region zurück; s. auch *Weingart*, Besetzung (FN 151), 49 f. und 59, Aufgliederung 60.

[232] s. *Benedikter*, in: Dolomiten 29. 4. 1967, 3; *Weingart*, Besetzung (FN 151), 48; *Brugger / Benedikter / Dalsass*, Südtirol (FN 22), 22, nennen 2250 halbstaatliche Stellen. *Weingart*, Besetzung (FN 151), 60, leitet aus dem *wirtschaftlichen Entwicklungsprogramm* (FN 206), 17, die Zahl von 3100 ab.

[233] Wieviele Stellen davon von Angehörigen der italienischen Sprachgruppe besetzt sind, ist nicht eindeutig; hinsichtlich der nach dem Paket der proportionalen Besetzung zuzuführenden Bereich nennen *Brugger / Benedikter / Dalsass*, Südtirol (FN 22), 21, 95 %. (In den ausgenommenen Bereichen kann der Prozentsatz nicht geringer sein.)

[234] Darüber hinaus besteht ein Schutz gegen Versetzung nach außerhalb der Provinz (Ausnahme: Dienstliche Erfordernisse oder Ausbildung, immer aber nur höchstens 10 % der deutschen bzw. ladinischen Beamten).

[235] Anläßlich einer Pressekonferenz zur Vorstellung neuer Südtiroler Regierungsmitglieder am 15. 5. 1974 in Innsbruck wurde darüber Klage

4. Zur Verwaltungsstruktur Südtirols

Von den Stellen halbstaatlicher Körperschaften sind nach Maßnahme 105 des Pakets nur die Ämter der INPS (Sozialversicherungsinstitut), INAIL (Unfallversicherungsinstitut), ENPAS (Sozialversicherungsinstitut für Staatsangestellte) und DNMI (Nationales Hilfswerk für Mutter und Kind) proportional zu besetzen.

Das bedeutet faktisch[236]:

Von 13 000 staatlichen Stellen (ausschließlich Lehrkräfte) unterliegen nur 6000, von 2250 halbstaatlichen nur 450, insgesamt also 6450 dem Proporz. Nach der $^2/_3 : ^1/_3$ Faustregel träfe es auf die deutsche Volksgruppe ca. 4100 Stellen, von denen derzeit nicht viel mehr als 5 %[237] realisiert sein dürften, so daß fast 4000 Stellen zu besetzen wären. LH *Magnago* hat demgegenüber schon 1970 die Zahl von 5000 in die Debatte geworfen[238]. Die Ergebnisse der Forschungsgruppe *Clement / Lukesch / Singer*[239], die differenzierte Aussagen erwarten lassen, dürften noch 1975 veröffentlicht werden.

Der Zeitraum, innerhalb dessen dieser Proporz verwirklicht werden kann, wird mit 30 Jahren[240] angegeben. Doch dürfen nach der derzeitigen Lage erhebliche Zweifel angemeldet werden, ob eine hinreichende Zahl deutschsprachiger Bewerber vorhanden sein wird[241], zumal sogar die attraktivere Landesverwaltung unter größtem Personalmangel leidet.

4.2.3. Zum Sprachenproblem in Südtirol

Eng verknüpft mit den Stellenbesetzungen ist die Kenntnis der deutschen Sprache von Stellenwerbern. Hier soll jedoch darüber hin-

---

geführt, daß seit Jänner 1972 (Inkrafttreten der Autonomiestatut-Novelle) bis Mai 1974 401 Angehörige der italienischen Sprachgruppe in staatliche Dienste „eingeschleust" worden seien.

[236] Zahlen nach *Brugger / Benedikter / Dalsass*, Südtirol (FN 22), 21 f.

[237] Nach den etwa 1% *Pan* Südtirol (FN 87), 123 f. FN 181 wiedergegebenen Daten der Volkszählung (s. ISTAT, 10⁰ Centesimo Generale della Populazione, 15 ottobre 1961, Vol. III, Dati Sommeri per Commune, Fasc. 21 Provincia di Bolzano, Roma 1964, 168 ff.) gehören in der öffentlichen Verwaltung 75 % der italienischen, 24 % der deutschen und 1 % der ladinischen Volksgruppe an — wobei der „öffentliche Dienst" aber über den staatlichen hinausgeht.

[238] *Magnago*, Südtirol heute (Vortragsbericht), ÖZAP 1970, 254 ff. (258).

[239] s. FN 216.

[240] s. *Brugger / Benedikters / Dalsass*, Südtirol (FN 22), 22; *Magnago*, Südtirol (FN 237), 258, nennt „zwei bis drei Jahrzehnte". Die in der politischen Auseinandersetzung gelegentlich angeführten 15 Jahre gehören ins Reich der Utopie.

[241] Es kann dabei der Vorwurf nicht unterdrückt werden, daß für die Realisierung dieser Möglichkeiten nicht rechtzeitig hinreichende Vorkehrungen getroffen wurden; die Wirkungen der in Aussicht genommenen Forcierung der Bildung bleiben abzuwarten.

4.2. Verwaltungsaufbau und Verwaltungspersonal

ausgehend das „Sprachenproblem" in Südtirol kurz beleuchtet werden[242], das innerhalb der Verwaltung 3 Dimensionen aufweist.

4.2.3.1. Deutsch als „Amtssprache"

In Verfolgung der Generalklausel des Art. 1 Abs. 1 des Pariser Abkommens zum Schutze der deutschen Volksgruppe sieht Art. 1 Abs. 2 lit. b dieses Vertrages die Gleichstellung der deutschen und italienischen Sprache in den „öffentlichen Ämtern" und amtlichen Urkunden sowie bei den zweisprachigen Ortsbezeichnungen vor. Die auf Grund dessen erlassenen Art. 84 ff. des Statuts und der darauf fußenden Durchführungsbestimmungen[243] führten zu keinem auch nur halbwegs zufriedenstellenden Zustand bei den staatlichen und halbstaatlichen Ämtern[244], weshalb eine wesentliche Verbesserung durch das Paket vorgesehen ist (Maßnahmen 63 bis 68 sowie 98 bis 100 und 103)[245]. Die Novelle 1971 brachte erhebliche Änderungen der Art. 85 ff. des Statuts (nunmehr Art. 99 ET), insbesondere die Einbeziehung der Dienste von öffentlichem Interesse. Derzeit fehlen noch die entsprechenden Durchführungsbestimmungen.

4.2.3.2. Kenntnisse der deutschen Sprache

Da das Recht des Gebrauchs der deutschen Sprache vor und in Ämtern illusorisch ist, wenn die Beamten dieser Sprache nicht mächtig

---

[242] An Stelle einer ausführlichen Erörterung muß im wesentlichen ein Hinweis auf die reichhaltige Literatur erfolgen. Der Großteil der zitierten Standardwerke zu Südtirol behandelt diese zentrale Frage, aus neuester Zeit seien hervorgehoben *Tisot*, L'uso della lingua tedesca in provincia di Bolzano, o. O. 1967; *Zielinski*, Untersuchungen über das Südtiroler Sprachenrecht unter besonderer Berücksichtigung des Pariser Abkommens, jur. Diss. Würzburg 1967; *Weingart*, Besetzung (FN 151), 30 f.; *Egger*, Doppelsprachigkeit in Südtirol. Faktoren und Probleme, Der Schlern 1972, 155 ff. (s. auch die Diss. *desselben*, Mailand 1972); *Veiter*, Die Sprache im Zusammenleben der Volksgruppen in Südtirol, Das Menschenrecht 154 (September 1973), 4 ff. sowie Skolast 1973/5, 1 ff.; *Magnago*, The situation (FN 11). Beachte auch diverse Beiträge im Skolast, etwa 1973/3 und insbesondere 1973/5, dort wiedergegeben die Beiträge der XVI. Studientagung der Südtiroler Hochschülerschaft unter dem bei *Veiter* wiedergegebenen Tagungsthema; ferner T. T.: 25. 9. 1971, 14 (*Stocker*); 25. 11. 1972, 2; 26. 7. 1973, 2; 5. 7. 1973, 7; 25. 5. 1974, 24 (*Riedmann*); 27. 5. 1974, 7 (*Riedmann*); 28. 11. 1974, 2 (*Riedmann*). Hervorzuheben ist auch hier wieder hinsichtlich der Anwendung der Bestimmungen des Statuts in seiner ursprünglichen Fassung die Rolle des VfGH, dazu die Hinweise in FN 7, insbesondere *Sciascia*, Entwicklung, 225; *Hosp*, Rolle, insbesondere 293 ff. Ganz besondere Bedeutung hat aber auch das Gutachten des Staatsrates vom 6. 6. 1952 Nr. 1059 zu Art. 84 ff. des Statuts erhalten, wonach es sich bei der deutschen Sprache um eine „*Hilfssprache*" im Verkehr mit dem Publikum handle.
[243] s. zu diesen etwa Gesetzbuch der Region (FN 7), 187 ff.
[244] s. Hinweise in FN 242. Analoges gilt für die ladinische Sprachgruppe.
[245] Die *Gerichte* sind in diese Maßnahmen speziell einbezogen.

sind, sieht das Paket (Maßnahme 101) Maßnahmen vor, die geeignet sind, die volle Kenntnis der beiden Sprachen bei dem in der Provinz dienstleistenden Personal zu fördern. Soweit es sich um das *staatliche* Personal handelt, das damit angesprochen ist, sind derzeit — verständlicherweise — noch keine Auswirkungen zu beobachten.

Hinsichtlich des Regional- und Provinzialpersonals sind in den Dienstordnungen seit langem entsprechende Vorschriften vorhanden. So sieht Art. 29 Abs. 2 der ÄuPO vor, daß vom gesamten Personal, das bei der Landesverwaltung in den Dienst tritt, die Kenntnis der italienischen und deutschen Sprache in einer Weise verlangt wird, die die zufriedenstellende Abwicklung der Aufgaben gewährleistet. Nach Art. 29 Abs. 3 ÄuPO[246] ist die Kenntnis *beider* Sprachen in einer schriftlichen und mündlichen Prüfung nachzuweisen; die Beurteilung erfolgt durch eine besondere *Kommission*. Trotz der formalen Vorbildlichkeit dieser Regelung vermag aber aus verschiedensten Gründen[247] der tatsächliche Zustand auch in der Landesverwaltung nicht voll zu befriedigen[248]. Ein besonderes Problem bildet dabei der Umstand, daß ein einheitlich organisiertes Übersetzungsamt der Landesregierung nicht bzw. bislang nur am Papier besteht und insgesamt den Bedürfnissen der deutschen Sprache wenig entsprochen wird. Ein schlagender Beweis sind die Übersetzungen italienischer Gesetze ins Deutsche: hier wird sehr oft so weit in einem rein technischen Sinne „übersetzt", daß nicht nur der Sinngehalt, sondern auch Ausdruck und Syntax nur nach langem Studium durchschaubar werden.

4.2.3.3. Deutsche Sprache und Schulwesen

Hier handelt es sich gesellschaftspolitisch gesehen wohl um den wichtigsten Bereich[249]. Auch er hat durch die Novellierung des Autono-

---

[246] I. d. F. LG 21. 2. 1972 Nr. 4, ABlR 1972/10.

[247] Ein sehr wesentlicher Grund liegt im Proporz hinsichtlich der Ämterbesetzung; müssen neue Beamte aufgenommen werden (ca. $^1/_3$ zu $^2/_3$), wird man eher bei der Beurteilung der deutschen Sprachkenntnisse eines Angehörigen der italienischen Sprachgruppe ein Auge zudrücken als niemanden einzustellen. Bei den Angehörigen der deutschen Volksgruppe sind die italienischen Sprachkenntnisse deshalb besser, weil sie die bisherige Entwicklung des politischen Lebens in Südtirol einfach zu deren Aneignung gezwungen hat. Allerdings ist seit dem LG 29. 11. 1971 Nr. 15, ABlR 1971/54 Art. 30 Abs. 2 der ÄuPO dahin ergänzt worden, daß dann, wenn die einer „Sprachgruppe" vorbehaltenen Stellen wegen Mangel an Bewerbern oder weil diese nicht geeignet sind, unbesetzt bleiben, diese von geeigneten Bewerbern der anderen „Volksgruppe" besetzt werden.

[248] s. dementsprechend auch die Pläne nach dem Programm für die VII. Legislaturperiode [Autonome Provinz Bozen-Südtirol Nr. 7 (1974), 35].

[249] s. Maßnahmen 43 - 46, 69 und 102 des Pakets.

4.2. Verwaltungsaufbau und Verwaltungspersonal

miestatuts eine erhebliche Verbesserung erfahren[250], ohne daß hier eine konkrete Auseinandersetzung möglich ist.

4.2.4. Merkmale des öffentlichen Dienstes

Aus dem Bereich des öffentlichen Dienstes seien ferner folgende Merkmale hervorgehoben[251]:

4.2.4.1. *Wettbewerbssystem und Ausnahmen*

Grundsätzlich besteht — in Entsprechung des Art. 97 Abs. 3 der italienischen Verfassung[252] — das sogenannte „Wettbewerbssystem"[253], welches in Art. 30 ÄuPO (mehrfach novelliert) determiniert ist. Dieses dem Außenstehenden optimal scheinende Prinzip muß aber sozusagen im Lichte seiner Anwendung gesehen werden, welche nach Aussage von Kennern der Sachlage im Hinblick auf Einflüsse, die in romanischen Ländern zum Kolorit gehören, eine gewisse Entwertung dieser Einrichtung bedingt. Das in Laufbahngruppen gegliederte[254] und in Stellenplänen[255] erfaßte Personal kann durch „abbestelltes Personal" anderer Einheiten vorübergehend ergänzt[256] werden; seit 1973[257] ist in außerordentlichen Fällen auch eine endgültige Übernahme möglich. Ferner ist seit je — allerdings wurden die Vorschriften novelliert — die Möglichkeit vorgesehen, „beauftragtes Personal", d. h. außerhalb jeder Verwaltung stehende Fachleute oder Organwalter anderer Verwaltungseinheiten zu gewinnen[258]. Eine weitere Flexibilität kann dadurch erreicht werden, daß gemäß Art. 26 ÄuPO Personal auf Zeit eingestellt wird, wobei allerdings in jeder Laufbahn ursprünglich höch-

---

[250] s. die neugefaßten Art. 15 und 87 des Statuts (Art. 19 und 102 ET) sowie DP Republik 20. 1. 1973 Nr. 116, G. U. 1973/101.

[251] Hinsichtlich von Einzelheiten muß auf die ÄuPO verwiesen werden; vgl. als überaus instruktiv wegen weitgehender Parallelität jedoch insbesondere *Satta*, Landesbericht (FN 209). Beachte auch *Pastori*, La burocrazia nelle Regioni a statuto speciale, in: La burocrazia nelle Regioni a statuto speciale, Pubbl. dell'Ist. per la Scienza dell'Ammin. Pubbl. II, Milano 1969, 3 ff.; *Visetti / Bertoldi*, La burocrazia nella Regione Trentino-Alto Adige, in: La burocrazia nelle Regioni a statuto speciale, 173 ff.

[252] Diese Bestimmung sieht allerdings einen Gesetzesvorbehalt vor.

[253] Der VfGH hat erkannt, daß Art. 97 Abs. 3 Verf. auch für die Regionen gilt (47/1959).

[254] Art. 16 ff. ÄuPO.

[255] Art. 21 ÄuPO.

[256] Art. 23 ÄuPO.

[257] s. Novelle des Art. 23 ÄuPO durch Art. 1 des LG 7. 9. 1973 Nr. 33, ABlR 1973/42.

[258] Art. 25 ÄuPO (zuletzt ABlR 1973/42).

stens 15 %, nunmehr als Übergangslösung höchstens 30 %[259] der jeweiligen Stellen ausgeschöpft werden dürfen. Die Ernennung des Landespersonals, die neben den üblichen Voraussetzungen die erfolgreiche Teilnahme am Wettbewerb voraussetzt, wird nach einem Probejahr endgültig[260]. In Ausschöpfung des Gesetzesvorbehaltes des Art. 97 Abs. 3 der italienischen Verf. kann der Landesausschuß ausnahmsweise die Stellen ab dem Generalinspektor (zweithöchster Grad) aufwärts sowie die Stellen des Leiters des Gesetzgebungs- und Rechtsamtes durch *Berufung* besetzen, sofern eine besondere Qualifikation gegeben ist[261]. Ferner können unter ganz bestimmten Voraussetzungen — offenkundig ein „Individualgesetz" — bis zu höchstens 10 Personen durch Berufung besetzen, soferne eine besondere Qualifikation gegeben ist[261]. Ferner können unter ganz bestimmten Voraussetzungen — offenkundig ein „Individualgesetz" — bis zu höchstens 10 Personen durch Berufung aufgenommen werden[262]. Die ÄuPO normiert sehr strenge Unvereinbarkeitsbestimmungen — allerdings mit Ausnahmeklauseln[263]; so darf das Landespersonal keinen Handel, kein Gewerbe und keinen freien Beruf ausüben, noch ein Beschäftigungsverhältnis mit Privaten einschließlich von Gesellschaften eingehen.

4.2.4.2. *Bezüge*

Das Bezügewesen ist in Südtirol in den letzten Jahren oft geändert worden und ist kaum mehr überblickbar. Die letzten Novellen versuchten, den in Italien noch mehr als anderswo wuchernden Zulagendschungel zu roden.

4.2.4.3. *Sondersekretäre*

Ein Anfang für einen — der Größenordnung der Südtiroler Verwaltung entsprechend klein zu haltenden — Apparat für die Mitglieder der Landesregierung bildet die — auch genutzte — Möglichkeit, daß dem Landeshauptmann zwei, den Assessoren je ein Sondersekretär(e) unterstellt werden können/kann, die ihnen in ihren persönlichen Tätigkeitsbereichen behilflich sind[264]. Damit wurde im wesentlichen ein vorher gegebener Realzustand rechtlich abgedeckt. Die Sondersekretäre, die nur zeitlich beschränkt bestellt werden dürfen, dürfen den Ämtern

---

[259] ABlR 1973/13.
[260] Art. 33 ÄuPO.
[261] Art. 34 ÄuPO i. d. F. ABlR 1972/10.
[262] Art. 10 der Novelle OrdB ABlR 1972/54.
[263] Art. 56 ff. ÄuPO.
[264] Ergänzung des Art. 14 ÄuPO durch LG 10. 8. 1972 Nr. 16, ABlR 1972/40.

keine Weisungen erteilen — womit der Rahmen für dessen Entwicklungsmöglichkeiten im allgemeinen wohl eng abgesteckt ist.

4.2.4.4. Personal-Verwaltungsrat

Eine zentrale Stellung nimmt der Personal-Verwaltungsrat ein, dem Entscheidungs- und Beratungsbefugnisse zukommen[265]; seine Zusammensetzung[266] — Landeshauptmann, 4 plus 6 Beamte sowie je 3[267] Vertreter des schulischen und sonstigen Personals — wurde dadurch problematisiert, daß letztere nicht mehr *vom Personal gewählt* und dann auf 2 Jahre bestellt, sondern auf Vorschlag der Vorstände der Gewerkschaften ernannt werden[268].

4.2.4.5. Beamtenfortbildung

Auf dem Papier recht fortschrittlich — in jüngster Zeit auch praktisch angegangen — sieht die ÄuPO unter dem Titel Fortbildung und „Vervollständigung"[269] des Personals Fortbildungslehrgänge vor[270]. Zusammenhängend mit universitären Sonderbetreuungsmaßnahmen durch in privater Rechtsform auftretende Vereine, hinter denen eine starke politische Richtung steht[271], erfolgte 1974 eine Novellierung[272] dahingehend, daß diese Lehrgänge entweder von der Landesverwaltung selbst veranstaltet oder aber auch geeigneten Institutionen zur Durchführung übertragen werden können. Nachdem viele Jahre diese Möglichkeit nicht genutzt wurde, obwohl dies im Hinblick auf die „Traditionslosigkeit" der Südtiroler Verwaltung erforderlich gewesen wäre, lag 1973 der Entwurf eines Bildungsprogrammes vor, der inzwischen modifiziert wurde. Bei Abschluß des Mskr. stehen konkrete Maßnahmen unmittelbar bevor[273].

4.2.4.6. Beamtenrekrutierung

Trotz besonderer Dringlichkeit gerade in Südtirol wurde der Auswahl[274] der Beamten (und der Nachwuchspflege) lange Zeit zu wenig

---

[265] Art. 129 ÄuPO.
[266] s. Art. 128 ÄuPO.
[267] s. beim Umbruch Art. 7 LG 29. 4. 1975 Nr. 22, ABlR 1975/25.
[268] Art. 13 LG 12. 7. 1974 Nr. 2, ABlR 1974/34.
[269] Es soll dies ein kleines Beispiel für die Sprachpflege sein: im italienischen Text heißt es „perfezionamento". Irreführend würde Vervollständigung ernst genommen die Ergänzung leerer Stellen bedeuten.
[270] Art. 132 ÄuPO.
[271] Südtiroler Bildungszentrum.
[272] Art. 5 LG 12. 7. 1974 Nr. 2, ABlR 1974/34.
[273] Das Budget 1973 (Kapitel 60) sieht für diese Maßnahmen 4,5 Mill. Lire vor, ebenso der Voranschlag 1974; für 1974 Erhöhung auf 27,5 Mill. Lire (OrdB Nr. 2 ABlR 1974/41); 1975: 51 Mill. Lire.

Aufmerksamkeit geschenkt. Insbesondere wurden nach fast übereinstimmender Auffassung keine hinreichenden Vorkehrungen in personeller Hinsicht zur reibungslosen Übernahme der vielfältigen neuen Aufgaben getroffen. Bester Beweis sind die sich in letzter Zeit häufenden Hinweise von offizieller Seite über den Personalmangel[275], der schon die Schlagzeile „Land ohne Beamte"[276] geboren hat. Es spricht nicht für allzu große Umsicht, wenn noch 1974 das Hinausschieben der Neuerlassung der „Ämterordnung" damit begründet wird, daß vorher noch der Übergang aller Kompetenzen abgewartet werden muß, um den entsprechenden Überblick zu haben[277]. Dabei kann jedoch nicht übersehen werden, daß gerade in Südtirol speziell für Hochschulabsolventen und andere Sparten qualifiziert Ausgebildeter die Privatwirtschaft (insbes. z. B. Banksektor) eine noch größere Konkurrenz für den öffentlichen Dienst bildet als in anderen Ländern — und zwar trotz der günstigen Besoldung im Landesdienst[278]. Gerade diesen Mangel an Personal im attraktiven Landesdienst läßt die Frage offen, ob denn für die freiwerdenden Staatsstellen eine hinreichende Zahl deutschsprachiger Bewerber gefunden werden kann[279].

4.2.4.7. *Personalausgaben*

Ein damit verbundener Vorteil darf allerdings nicht verschwiegen werden: Die Ausgaben für das Personal bewegen sich dzt. noch — mit dem Personalausbau wird ein erheblicher Wandel erwartet[280] — in überaus geringen Grenzen. 1974 waren es 13,5 % des Budgets, für 1975

---

[274] Das, was man „Ämterpatronage" bezeichnet, gibt es in jedem Land, in Italien vielleicht um merkliches mehr. Südtirol konnte gerade wegen der ethnischen Probleme nicht in jenem Maße darauf verzichten, das wünschenswert gewesen wäre.

[275] s. insbesondere die Berichte in der Broschüre Autonome Provinz Bozen-Südtirol, z. B. Nr. 6 (1973), 10, 15, s. auch den Bericht des Landeshauptmannes zum Budget 1974 (Protokolle des Landtages sowie hektographierter Bericht 17 ff.).

[276] s. *Gallmetzer*, T. T. 10. 11. 1972, 1. Beachte ferner folgende Beiträge in T. T. zu diesem Fragenkomplex: 18. 1. 1973, 3; 5. 6. 1973, 2.

[277] s. im Programm der Landesregierung für die 7. Legislaturperiode; Protokolle des Landtages und Autonome Provinz Bozen-Südtirol Nr. 7 (1974), 30, wie auch im Bericht des LH zum Budget 1974 (FN 275), 21 f.

[278] Durch das Absacken der Lira auf dem Devisenmarkt im Jahre 1973 verzerrt sich allerdings bei Umrechnungen derzeit das Bild etwas.

[279] Die Hoffnung, die schlechte wirtschaftliche Lage Europas und insbesondere Italiens und die damit drohende Arbeitslosigkeit könnte Lücken füllen, halte ich für trügerisch, z. T. schon wegen der Qualität der damit Gewonnenen.

[280] Zur Notwendigkeit eines erheblichen Ausbaues die neuesten Hefte der Broschüre Autonome Provinz Bozen-Südtirol sowie Bericht des LH zum Budget 1974.

sind nur 11 % vorgesehen[281]. Die Ausgaben für die „allgemeine Verwaltung" (Ämter, Personal und Vermögen) betragen

    1973:   7,807 Mill. Lire oder 10,5 %[282]
    1974: 10,423 Mill. Lire oder   9,81 %[283]
    1975: 12,379 Mill. Lire oder   7,57 %[284].

4.2.4.8. Das Verwaltungspersonal in Zahlen

Nach einer — in betroffenen Kreisen wenig bekannten — Untersuchung[285] aus dem Jahre 1969 betrug die Zahl der Bediensteten Südtirols

    1949:   30
    1959:   779
    1968: 1 105.

Die neueren veröffentlichten Daten über die Zahl der Landesbediensteten erfassen nicht mehr alle, sondern nur mehr die „Bediensteten der *zentralen* Verwaltung"; erfaßt sind also *nicht* das Personal der Berufsausbildung, die Hilfsstraßenarbeiter, Landwirtschaftlichen Arbeiter sowie das Personal für die Reinigung und Pflege der Diensträume:

        1972:   794[286]
    1. 1. 1973:   866[287]
    1. 1. 1974: 1 044[288]
    Mitte 1974: 1 129[289]

---

[281] T. T. 5.3. 1975, 2.
[282] s. Vorlagebericht des Finanz- und Vermögensassessors zum Haushaltsvoranschlag 1973, 32. Bekannt ist allerdings, daß es entscheidend darauf ankommt, was alles unter Personal geführt bzw. davon ausgeschlossen wird (z. B. Lehrer, Arbeiter usw.); hier ist der Begriff — s. im Text alle Bediensteten — eng gefaßt.
[283] s. Vorlagebericht 1974, 32. Zu den absoluten Zahlen von 1949 bis 1968 s. die Zusammenstellung von *Visetti / Bertoldi*, La burocrazia (FN 251), 192; danach stiegen die Ausgaben von 10,5 Mill. Lire im Jahre 1949 auf 3746 Mill. Lire im Jahre 1968.
[284] Vorlagebericht 1975, 30.
[285] s. *Visetti / Bertoldi,* La burocrazia (FN 251), 192; dort Angaben für alle Jahre.
[286] s. Die allgemeine Verwaltung, Autonome Provinz Bozen-Südtirol Nr. 4 (1972), 8 ff. (8), sowie den Bericht des LH zum Budget 1972 (Protokolle des Landtages, ferner hektographierter Bericht 5).
[287] s. dazu den ersten veröffentlichten, überaus informativen Bericht über das Personal der Südtiroler Landesverwaltung (Zahl, Probleme, Proporz, Stellenplan und Besoldung) im Bericht des Landeshauptmannes zum Budget 1974 (Protokolle des Landtages sowie hektographierter Bericht, bei letzterem S. 18 ff.).
[288] Bericht LH Budget 1974, 18.

Für 1974 treten zu diesen 1044 bzw. 1129 hinzu[289]:

Schulen und Berufsausbildung:

Stellenplan:	185
beauftragt:	300
Von der Regionalverwaltung:	331
Arbeiter Wildbachverbauung:	ca. 400.

Für Hilfsstraßenarbeiter und Reinigungspersonal wurden keine Zahlen veröffentlicht[290].

Abgesehen von der Notwendigkeit des Ausbaues des bisherigen Bestandes an Personal wird eine erhebliche Zahl staatlicher bzw. regionaler Bediensteter übernommen werden, wobei die Publikation des Dekrets betreffend den Übergang der Ämter und des Personals von der Region auf die Provinz entsprechend den neuen Kompetenzen derselben als Pkt. 12 des Operationskalenders der „Streitbeilegungserklärung" durch Österreich vorausgehen wird. Da bisher dieser Übergang des Personals nicht stattgefunden hat[291], hat die Region der Provinz vorläufig Personal zur Verfügung gestellt[292], und zwar wie angeführt 331 Bedienstete für 1974.

Nach den 1974 veröffentlichten Daten werden von der *Region* ca. 300 Bedienstete[293] übernommen. Vom Staat war nur die Zahl des *nicht* unterrichtenden Schulpersonals (das Lehrpersonal verbleibt beim Staat) geschätzt[294]; sie beträgt 800[295] bis 1000[296].

Nach der neuesten Veröffentlichung — s. dazu den Bericht des LH zum Budget 1975, 82 f. — ergibt sich folgender Stand und Ausblick:

---

[289] Bericht LH Budget 1974, 18, wo auf 85 Neuaufnahmen verwiesen wird. Gemäß LG 11. 1. 1975 Nr. 1, ABlR 1975/6 Erweiterung der Planstellen um ca. 200.

[290] s. jedoch die Gesamtzahl im Bericht LH Budget 1974, 23: 1709 (ohne 400 Wildbachverbauung).

[291] Nach der Judikatur des VfGH gehen mit den Kompetenzen nicht automatisch Personal und Ämter auf die zuständig gewordene Einheit über; s. VfGH Nr. 20/1956, Nr. 6, 9, 11, 13 und 19/1957, Nr. 1/1958, Nr. 17/1961; Hinweise bei *Hosp*, Rolle (FN 7), 172 FN 9.

[292] s. DPRA (in Klammer jeweils ABlR): 6. 6. 1973 Nr. 748/P, Nr. 749/P und Nr. 750/P (alle 1973/32); 31. 12. 1973 Nr. 1337/P (1974/14); 23. 10. 1973 Nr. 1074/P (1974/16); 30. 11. 1973 Nr. 1186/P; 23. 1. 1974 Nr. 60/P; 28. 2. 1974 Nr. 131/P; 1. 4. 1974 Nr. 231/P; 16. 4. 1974 Nr. 271/P (alle ABlR 1974/23); 15. 3. 1974 Nr. 190/P (1974/31); 26. 3. 1974 Nr. 212/P und 14. 6. 1974 Nr. 427/P (beide 1974/41); 7. 2. 1975, Nr. 81/P (1975/26).

[293] Autonome Provinz Bozen-Südtirol Nr. 6 (1973), 15. Diese Zahl ist offenkundig zu niedrig geschätzt.

[294] Hinzu kommen z. B. Wasserbau, Staatsarchiv, Denkmalschutz.

[295] s. FN 293.

[296] So Bericht LH Budget 1974, 18.

Gesamtstand Ende 1974:	2620
davon	750 „reines Verwaltungspersonal", wovon 227 im Jahre 1974 neu aufgenommen wurden
	1820 „Dienstleistungen"
Prognose 1975:	2000 Übernahme im Bereich der „Dienstleistungen" (nicht unterrichtendes Schulpersonal, Kindergärten und verschiedene Staatsämter)
	250? Neuaufnahmen reines Verwaltungspersonal
Ende 1975:	5000 insgesamt
Prognose 1976/77:	1000 Übernahme im Bereich der Dienstleistungen durch den 2. Teil der Sanitätsreform

4.2.4.9. Die Stellung des Beamten

Nach diesem Meßbaren noch einige Bemerkungen zu schwerlich Meßbarem. Zunächst zur Frage, ob es sich beim Südtiroler Landesbeamten um einen „starken" bzw. „mächtigen" handelt[297]. Die Frage wird man eher verneinen. Neben dem noch nicht ausgeprägten Rollenbild des Beamten wegen der Kürze der bisher zur Verfügung gestandenen Zeit ist dafür insbesondere der noch zu behandelnde Ämteraufbau (kein einheitliches Amt; mangelnde Koordinierung und mangelnder Informationsfluß) ursächlich; auch die politische Entwicklung hat die politische Spitze stark in den Vordergrund treten lassen ebenso wie die relativ umfängliche Zahl derselben. Das bewirkte insgesamt eine starke Stellung der Regierung und im allgemeinen eher ein Zurücktreten des Beamten[298]. Eine Stärkung dessen Stellung, die durchaus begrüßenswert erscheint, könnte die geplante Ämterordnung durch präzise Erfassung der Aufgaben und Vergrößerung der Verantwortung der Bediensteten erbringen. Eine auf längere Sicht notwendige Reduktion der Zahl der Regierungsmitglieder könnte diese Tendenz verstärken und gleichzeitig die bestehende „Kopflastigkeit" und Befassung der Regierung mit Detailfragen beseitigen[299].

---

[297] Als Beispiel wird immer die IV. französische Republik angeführt, deren Beamtentum staatstragend war, während die Regierungen permanent wechselten; auch Italien wurde als Beispiel angeführt, doch scheint hier eine permanente Krise fast aller Bereiche gegenwärtig kein Urteil zu erlauben.
[298] Auf bestimmten expansiven Sektoren scheint sich eine gewisse Stärkung der Stellung der Beamten abzuzeichnen.
1973).

Der beschriebene Zustand ist auf das nicht schlechte, jedoch sicherlich verbesserungsfähige „Betriebsklima" nicht von positiver Wirkung. Gerade einem Teil der älteren erfahrenen Beamten ist dadurch in erheblichem Maße die Motivation restringiert worden. Hingegen ist beim neu eingestellten Personal z. T. geradezu eine „Aufbruchsstimmung" ausgebrochen. Schwierigkeiten ergeben sich bei einer qualifizierten Mittelschicht, die ohne Hochschulbildung in verantwortliche Positionen einrückte und nun z. T. von jüngeren Hochschulabsolventen überrundet zu werden droht[300].

Hinsichtlich des Führungsstiles (durch die politische Spitze) konnte man so konträre Urteile wie „ziemlich autoritär" bis „viel zu locker" gleichermaßen hören, ohne daß bisher eine Substantiierung gelungen wäre[301]. Sicher ist jedoch, daß über neue Formen der „Mitbestimmung" und Entscheidungsfindung i. S. der sogenannten „Demokratisierung" — von derzeit politisch ineffizienten Zirkeln abgesehen — nicht diskutiert wird[302].

4.2.5. Die Organisation der Landesverwaltung

Die Landesverwaltung gliedert sich gemäß Art. 1 der ÄuPO in das Sekretariat des Landesausschusses und in ursprünglich 9, nunmehr[303] 10 Abteilungen: I. Präsidium des Landesausschusses; II. Gebietskörperschaften; III. Öffentlicher Unterricht und Kultur; IV. Arbeiten und Gewässer; V. Wirtschaftsprogrammierung, Raumordnung und Volkswohnbau[304]; VI. Land- und Forstwirtschaft; VII. Handwerk, Industrie, Handel und Fremdenverkehr; VIII. Betreuung, Fürsorge und Gesundheitswesen; IX. Finanzen und Vermögen; X. Öffentlicher Unterricht und Kultur in italienischer Sprache[303]. Diesen Abteilungen und dem Sekretariat sind in Stichworten die Aufgaben zugewiesen; nur hin-

---

[299] s. dazu auch die sehr kritische Resolution des ASGB (Autonomer Südtiroler Gewerkschaftsbund) vom 5. 5. 1973 (Dolomiten 7. 5. 1973, T. T. 8. 5.

[300] Das hängt mit dem — nicht nur in Italien bestehenden — „formalen" Prinzip im öffentlichen Dienst zusammen [s. *Satta*, Landesbericht (FN 209)]; ob das Problem mit der in Aussicht gestellten Modifizierung desselben und Hinwendung zum leistungsorientierten Prinzip (s. Bericht LH Budget 1974) gemeistert werden kann, bleibt abzuwarten.

[301] Beachte jedoch die in FN 299 zitierte Resolution des ASGB (zur Rolle der Gewerkschaften einige Hinweise unten), wo ein „moderner und sachlicherer Führungsstil" gefordert wird.

[302] Dafür sind in die Dienstbeurteilung die „moralischen und Charaktereigenschaften" einzubeziehen (Art. 38 Abs. 1 ÄuPO); für eine gute Bewertung ist u. a. ein „gutes Betragen" (Abs. 3), für eine „mittelmäßige Bewertung" ein „verwerfliches Betragen" (Art. 38 Abs. 4 ÄuPO) maßgeblich!

[303] s. LG 11. 8. 1971 Nr. 10, ABlR 1971/37. Errichtung der Abteilung X.

[304] s. LG 29. 11. 1971 Nr. 15, ABlR 1971/54.

sichtlich der Abteilung V[304] erfolgt eine nähere Umschreibung, die wohl Vorbild für die Neufassung der ÄmterO sein dürfte[305].

Es ist unbestritten, daß — ebenso wie dies hinsichtlich des Personals der Fall ist — das bestehende Organisationsschema große Leistungen hervorgebracht hat, jedoch in nicht unerheblichem Maß verbesserungsfähig ist bzw. manche Mängel aufweist; das gilt in Bezug auf das Auseinanderfallen der Ämtergliederung und der Aufgabenverteilung unter die Assessoren wie insbesondere im Hinblick auf die neu zu bewältigenden Aufgaben. Dabei ist auch hier bemerkenswert, daß bis etwa Mitte 1973 kaum Initiativen zur Reform sichtbar waren[306] und für die Neukonzeption der Übergang der Zuständigkeiten abgewartet wird[307]. Dagegen hätten wohl schon längst die Grundlagen geschaffen werden müssen und nach einer gewissen Probezeit hätten dann die notwendigen Korrekturen vorgenommen werden können.

Als entscheidender Mangel an der gegenwärtigen Organisationsstruktur gilt der Umstand, daß für die Ämter *keine einheitliche Spitze* besteht (weder politisch noch auf Beamtenebene), wie dies bei Verwaltungseinheiten in der gegebenen Größenordnung durchaus zielführend und auch üblich ist[308]. Das ist auch eine wesentliche Ursache für den mangelhaften Informationsfluß zwischen den Assessoraten bzw. Abteilungen sowie eine nicht sehr weitgehende Koordination der einzelnen Abteilungen, die nur über punktuelle Kontakte über die politische Spitze überbrückt wird. Gerade diese sind ihrerseits aber wieder wohldosiert und im großen und ganzen an der Aufrechterhaltung und am Ausbau eines selbständigen Bereiches orientiert. Schlußendlich leidet darunter selbstverständlich die Effizienz der Verwaltung, was insbesondere an den häufigen Mehrfachkompetenzen deutlich wird.

An konkreten Problemen scheint auch der Bereich der *Gesetzgebung* und der *Übersetzung* zu leiden. Es handelt sich dabei zwar um eine im Gesetz angeführte Aufgabe des Präsidiums des Landesausschusses (Art. 3 lit. b ÄuPO), doch bestehen diese Ämter derzeit nur auf dem Papier — was auch die 3. Gesetzgebungskommission zu herber Kritik veranlaßte (s. deren Bericht Budget 1975, 1). Unverständlich ist, warum

---

[305] Diese Aussage bezieht sich nur auf die Art der Erfassung der einzelnen Aufgaben, nicht jedoch auf den Umfang bzw. die Systematik derselben; letzterer Komplex war für die Reform 1971 durch den unveränderten Bestand der anderen Abteilungen vorgegeben gewesen und nicht diskutiert worden.
[306] s. nunmehr jedoch mehrfache Hinweise in Autonome Provinz Bozen-Südtirol Nr. 6 (1973) und Nr. 7 (1974); im Programm der Landesregierung für die VII. Legislaturperiode sowie im Bericht LH zum Budget 1974.
[307] s. FN 306.
[308] s. etwa die Ämter der Landesregierung in Österreich (BVG BGBl. 1925/289).

sich bisher in Südtirol nicht so etwas wie ein „Verfassungsdienst" herausgebildet hat, der alle mit Verfassungsfragen zusammenhängenden Probleme zu bearbeiten hätte[309]. Bei der bekannt ausgezeichneten italienischen Jurisprudenz hätte dies schon in der Vergangenheit viel Ärger ersparen können und würde auch für die Zukunft sicher Wertvolles leisten. Bei aller Anerkennung der hervorragenden Leistungen des einen oder anderen Spitzenpolitikers und der freien Anwaltschaft in diesem Metier ist ganz einfach deren Überforderung zu befürchten.

Das Presseamt der Landesregierung hat sich gut eingeführt, wurde in neuester Zeit personell weiter ausgebaut und räumlich gut untergebracht. Im Hinblick auf die Dominanz der politischen Spitze hat sich das Amt eines „Regierungssprechers" bisher nicht ausgebildet; für die Zukunft wäre die Realisierung eines solchen zu prüfen.

An Kommissionen, Beiräten u. dgl. besteht auch in Südtirol eine im einzelnen schwer überblickbare Fülle[310]. So sind aus neuerer Zeit insbesondere die Beratungskommission für Ankäufe und Lieferungen[311], der Landesbeirat zum Schutz des Naturhaushalts[312], der Landesbeirat betreffend Behinderte und Milieugeschädigte[313], die Landesgrundfürsorgekommission[314], die Landeskommission für Betagtensozialhilfe[315] sowie vor allem der Landeswirtschafts- und Sozialbeirat[316] zu nennen. Letzterer ist — was insbesondere seine Zusammensetzung (Art. 4 leg. cit.) und sein Aufgabenkreis (Art. 2 leg. cit.) deutlich macht[317] — als ein Organ der Sozialpartnerschaft eingesetzt und versucht den in der Realität weit entwickelten Verbändestaat lose in den Staatsaufbau zu integrieren. Um sein Funktionieren und seine Erfolge beurteilen zu können ist die inzwischen verstrichene Zeit zu kurz, zumal einige Störfaktoren die Konstituierung des Beirates verzögerten[318].

---

[309] Als Vorbild könnte etwa der Verfassungsdienst im österreichischen Bundeskanzleramt oder die an ihm orientierten Präsidial- bzw. Gesetzgebungsabteilungen bei den Ämtern der Landesregierung dienen.

[310] Ein Teil derselben ist jeweils im Jahrbuch der Region zu finden, z. B. *Jahrbuch der Region Trentino-Südtirol 1971 - 1972*, 114 ff.

[311] Besteht nur aus Beamten; s. Art. 4 LG 11. 7. 1972 Nr. 14, ABlR 1972/34.

[312] LG 19. 1. 1973 Nr. 6, ABlR 1973/7.

[313] LG 17. 9. 1973 Nr. 59, ABlR 1973/45 Art. 4.

[314] Art. 5 LG 26. 10. 1973 Nr. 69, ABlR 1973/52.

[315] Art. 17 LG 30. 10. 1973 Nr. 77, ABlR 1973/53.

[316] LG 18. 3. 1972 Nr. 5, ABlR 1972/16.

[317] Beachte im einzelnen auch den Modus der Bestellung (Art. 5) sowie die Möglichkeit, Auskünfte von der Landesverwaltung, den Staatsämtern und den öffentlichen Körperschaften der Provinz einzuholen.

[318] So wurde zwar der Sekretär (Art. 18 des in FN 316 zitierten Gesetzes) rechtzeitig bestellt, ohne jedoch seine Tätigkeit in der ersten Hälfte 1973 voll ausüben zu können.

4.2. Verwaltungsaufbau und Verwaltungspersonal

Die Rolle der *Gewerkschaften* innerhalb Südtirols mit Ausnahme der eigenständigen Beamtengewerkschaft ist schon wegen der relativ starken Aufsplitterung[319] bei weitem nicht so stark wie etwa auf gesamtstaatlicher Ebene oder in anderen Regionen. Besondere Probleme bestehen gerade in diesem Bereich aus ethnischen Gründen, verbunden mit weltanschaulich divergenten Standpunkten[320]. Der Einbau der genannten Kommissionen, Beiräte usw. ist eines der Probleme, die die neue Ämterordnung mehr in den Griff bekommen müßte. Diese müßte insgesamt auf eine optimale Zusammenfassung einzelner Aufgabengebiete nach Funktionszusammenhängen Bedacht nehmen und dürfte nicht historischen Zufälligkeiten oder bislang von dieser oder jener Person besorgten Aufgabenkomplexen Priorität einräumen. Bis Mitte 1973 waren nur 2 größere Anstöße für eine Neukonzeption des Verwaltungsaufbaus gegeben worden: Eine Aufforderung an die Verwaltung selbst, Vorschläge zu erstatten und Kontakte mit einer außerhalb der Verwaltung stehenden Gruppe in Mailand[321]. Beides hatte nicht zum Erfolg geführt, wobei bei ersterem im wesentlichen nur ein Katalog von Wünschen über die notwendige Vermehrung von Personal herausgekommen sein soll, im zweiten Fall zu wenig Bedacht auf die Notwendigkeiten einer *öffentlichen* Verwaltung Bedacht genommen wurde. Bei den derzeit laufenden Bemühungen um die Neukonzeption der Ämterordnung scheint wegen der negativen Erfahrungen im Bereich der Raumordnung[322] mehr auf eigene Überlegungen Bedacht genommen zu werden. Hier stellt sich jedoch die allgemein bekannte Frage nach der optimalen Verknüpfung verwaltungsin-[323] und -externer Innovationsbemühungen um eine Verbesserung der Struktur der öffentlichen Verwaltung. Da trotz intensiver Bemühungen[324] bisher

---

[319] Beachte *Kassner*, Die Gewerkschaften in Südtirol, Beiträge zur alpenländischen Wirtschafts- und Sozialforschung 45, Innsbruck 1969.

[320] Zur Rolle des der deutschen Volksgruppe zuzuzählenden Autonomen Südtiroler Gewerkschaftsbundes (ASGB) und seiner externen wie internen Schwierigkeiten s. T. T.: 6. 9. 1973, 2; 7. 12. 1973, 2; 21. 1. 1974, 2; 28. 1. 1974, 2; 2. 2. 1974, 2; 4. 2. 1974, 2; 27. 7. 1974, 1; 6. 8. 1974, 2; 15. 10. 1974, 1; 19. 10. 1974, 2; 21. 1. 1975, 2; 14. 3. 1975, 2; 17. 3. 1975, 2; 18. 3. 1975, 2; 14. 4. 1975, 2.

[321] Hier ging es insbesondere um Rationalisierung und Möglichkeiten der Management-Verwirklichung in der Südtiroler Verwaltung. s. auch Hinweise FN 212.

[322] Der von einem „Expertenteam" ausgearbeitete Entwurf 1970 (FN 206) wird als völlig ungenügend gewertet und hervorgehoben, daß er auf die spezifischen Probleme Südtirols kaum Bedacht nehme. Daraus wird von vielen global abgeleitet, die Heranziehung von außerhalb der Verwaltung bzw. außerhalb Südtirols stehenden sei nicht zielführend.

[323] Zu diesen internen Bemühungen im weiteren Sinne sind auch Kontakte zu anderen öffentlichen Verwaltungen zu zählen; hier ist — beachte dazu auch 5. („Alpenregion") — derzeit eine gewisse Orientierung an Vorarlberg (vordem Salzburg) gegeben.

[324] Hervorzuheben sind insbesondere jene der Hochschule für Verwaltungswissenschaften Speyer.

keine durchschlagenden praktischen Vorbilder entstanden sind wird man auch an die Bemühungen der Südtiroler Verwaltung keine extrem strengen Anforderungen stellen dürfen — vor welchen auch keine andere öffentliche Verwaltung Bestand hätte.

4.3. Kontrolle und Aufsicht

An eine öffentliche Verwaltung wird nicht nur die Forderung nach Effizienz herangetragen, die mit den Schlagworten Zweckmäßigkeit, Wirtschaftlichkeit und Sparsamkeit umschrieben werden kann, sondern auch nach kontrollierter, d. h. demokratischer Verwaltung, wozu insbesondere aus staatsrechtlicher Sicht rechtsstaatliche Forderungen treten.

4.3.1. Politische Kontrolle

Was die politische Kontrolle durch den Landtag betrifft, ist auf diese sowie deren Handicaps bei Behandlung des Landtages[325] eingegangen worden.

4.3.2. Soziale Kontrolle

Die Ergänzung dieser klassischen politischen Kontrolle durch die „gesellschaftliche" bzw. „soziale" scheint in Südtirol erst im Aufbau begriffen[326]. Von einer funktionierenden „öffentlichen Meinung" kann sicherlich weithin nicht gesprochen werden, wenn auch folgende Komponenten eine Öffnung sichtbar machen: es besteht seit je eine gewisse innerparteiliche Opposition in der Sammelpartei der deutschen Volksgruppe, der SVP[327]. Hinzu tritt der Umstand der Neugründung von zwei neuen, um die Stimmen der deutschsprachigen Wähler werbenden politischen Parteien außerhalb der SVP[328]. Schließlich ist eine stark gesteigerte Kritikfreudigkeit der studentischen Jugend[329], z. T. auch der jüngeren Beamtenschaft zu beachten, wobei aber bislang der Rückbezug zur „Basis", nämlich der Bevölkerung, kaum besteht.

---

[325] s. oben bei FN 61 ff.

[326] Die auf ethnischen Distinktionen aufgebaute scheint am ehesten entwickelt (s. insbesondere „Alto Adige" und „Dolomiten"), aber auch hier wegen der Desintegrationsgefahr skeptisch zu beurteilen.

[327] Dazu müssen bis zu einem gewissen Grade seit längerem aus innerparteilichen Schwierigkeiten heraus auch die „Dolomiten" gezählt werden; dazu die Diskussion um den ASGB (s. FN 320) sowie die Etablierung einzelner „Richtungen" in der SVP, die insgesamt auf eine stärkere Betonung der *sozialen* Komponente hinauslaufen als dies bisher der Fall war.

[328] SFP (Soziale Fortschrittspartei) und SPS (Sozialdemokratische Partei Südtirols), an deren Spitze Dr. Jenny und Dietl (ehemals SVP).

[329] s. dazu die Zeitschrift „Der fahrende Skolast", Organ der Südtiroler Hochschülerschaft; die Repräsentativität derselben ist z. T. etwas umstritten.

4.3. Kontrolle und Aufsicht

4.3.3. "Bilanzgarantie"

Verwaltungskontrollcharakter kommt auch einem Teil der in Pkt. 3.2.3.1. umschriebenen Befugnisse ebenso wie aus einer klassischen Gewaltenteilungssicht[330] der „Bilanzgarantie"[331] zu.

4.3.4. Übertragene Aufgaben

Hinsichtlich der vom Staat[332] bzw. der Region[333] auf die Provinz übertragenen Verwaltungsaufgaben ist eine rechtliche Abhängigkeit von Organen der übertragenden Körperschaft gegeben, wobei für den Staat[334] die entsprechenden Befugnisse vom Regierungskommissär wahrgenommen werden[335].

4.3.5. Staatsaufsicht

Genau wie das Verwaltungshandeln der Region im allgemeinen[336] unterliegt auch das Verwaltungshandeln der Provinz der präventiven Staatsaufsicht gemäß den Staatsgesetzen, die die Befugnisse des Rechnungshofes regeln[337, 338]. Für die Region Trentino Südtirol wird hiefür eine eigene Sektion mit einem Präsidenten als Vorsitzendem und drei Richtern sowie dem nötigen Verwaltungspersonal eingesetzt. Einer der drei Richter ist mit der Kontrolle der Verwaltung der Provinz Bozen betraut und hat dort seinen Sitz[339].

4.3.6 Verwaltungsgerichtsbarkeit[340]

Wie erwähnt, wird in der Region Trentino-Südtirol ein regionaler Verwaltungsgerichtshof mit einer autonomen Sektion für die Provinz

---

[330] Soferne nämlich der Budgetbereich der Verwaltung zugeschlagen wird.
[331] s. bei FN 181 ff.
[332] s. 3.2.2.2.
[333] s. 3.2.2.3.
[334] Zur Region s. FN 127.
[335] s. Art. 76 Z. 2 Statut bzw. Art. 87 Z. 2 ET; s. zum Regierungskommissär FN 229.
[336] s. jüngst *Tomuschat*, Italien (FN 7), 192 f., insbesondere die in FN 118 zitierten kritischen Stimmen zu diesem Vorgang.
[337] s. vordem DP Republik 30. 6. 1951 Nr. 574, ABlR 1951/27, Art. 74 Abs. 1; nunmehr Art. 42 Abs. 1 DP Republik 1. 2. 1973 Nr. 49, OrdB G. U. 1973/84 (im ABlR noch nicht publiziert).
[338] Zur Kontrolle s. aus der umfangreichen Literatur neben den Werken zum Verfassungs- und Verwaltungsrecht z. B. *Berti*, Caratteri (FN 46), 67 ff.; derselbe, Il regolamento come atto normativo regionale, RTDP 1973, 136 ff. (188 ff.); zum Rechnungshof (Art. 100 Abs. 2 und Art. 103 Abs. 2 italien. Verf.) s. überblicksmäßig *Beran / Konvicka*, Finanzkontrolle international gesehen, Wien o. J. (1967?).
[339] s. Art. 42 Abs. 6 DP Republik 1. 2. 1973 Nr. 49 (FN 337).
[340] Zur italienischen staatlichen Verwaltungsgerichtsbarkeit Art. 100 Abs. 1 und Art. 103 Abs. 1 der ital. Verf.; Gesetz 20. 3. 1865 Nr. 2248, RD 26. 6. 1924

Bozen errichtet (Art. 78 Statut, Art. 90 ET); dieser Sektion obliegt in erster Instanz die Prüfung von Verwaltungsakten mit Wirkung für die Provinz. Als Besonderheiten sind die proporzmäßige Zusammensetzung der Bozner Sektion sowie die Sonderbestimmungen über die Präsidentschaft (Art. 78 b Statut, Art. 91 ET) anzuführen. Insbesondere ist auch vorgesehen, daß jenen Sektionen des Staatsrates in Rom, die sich mit den Berufungsverfahren der autonomen Sektion Bozen zu befassen haben, ein Rat der deutschen Sprachgruppe der Provinz Bozen angehört (Art. 78 d Statut, Art. 93 ET). Der regionale VwGH ist noch nicht installiert.

4.4. Materielle Verwaltungstätigkeit

Auch wenn man davon ausgeht, daß die Südtiroler Landesverwaltung in organisatorischer und personeller Hinsicht Mängel aufweist, könnte im Hinblick auf deren instrumentalen Charakter ein Gesamturteil nur auf Grund der Beurteilung der materiellen Verwaltungstätigkeit gefällt werden. Eine Behandlung dieses breiten Bereiches ist aber hier auch nur überblicksmäßig nicht möglich, vielmehr muß dies Einzeluntersuchungen vorbehalten bleiben. Bedeutsam ist jedoch, daß eine Fülle neuer, viele Verwaltungsmaterien regelnder Gesetze erlassen wurde, insbesondere auf dem Sozial- und Wirtschaftssektor in allen seinen Sparten (Wirtschaftsförderung!), deren praktische Auswirkungen allerdings im Hinblick auf ihre z. T. kurze Geltung gegenwärtig kaum beurteilt werden können. Über diese Bereiche geben die Zeitschrift Autonome Provinz Bozen-Südtirol sowie die Berichte des LH zu den Budgets der vergangenen Jahre einen ersten Überblick.

Nr. 1054, Gesetz 21. 12. 1950 Nr. 1018, DP Republik 24. 11. 1971 Nr. 1199; *Lessona*, Grundfragen der Verwaltungsgerichtsbarkeit in Italien, VerwA 1959, 237 ff.; *Letourneur*, Die Staatsräte (Conseils d'Etat) als Organ der Verwaltungsrechtsprechung, in: Külz / Naumann (Hrsg.), Staatsbürger und Staatsgewalt I, Karlsruhe 1963, 337 ff. (357 ff.); *Miele* (Hrsg.), La guistizia amministrativa, Atti del congresso celebrativo del centenario delle leggi amministrative di unificazione IV/1, Milano 1968; *Bachelet*, La protection juridictionnelle du particulier contre le pouvoir exécutif en Italie, in: Gerichtsschutz gegen die Exekutive 1 (hrsg. von Mosler), Beiträge zum ausländischen öffentlichen Recht und Völkerrecht 52, Köln usw. 1969, 469 ff.; *Ule*, Verwaltungsprozeßrecht[5], München 1971, 302 f. Zu den regionalen Verwaltungsgerichten Gesetz 6. 12. 1971 Nr. 1034, G. U. 1971/314 (gemäß dessen Art. 1 Abs. 4 sind Sonderregelungen für Trentino-Südtirol einem besonderen Gesetz vorbehalten, das bislang nicht erlassen wurde) sowie DP Republik 21. 4. 1973 Nr. 214 und 19. 12. 1973, dazu *Ferrari*, L'évolution (FN 7), 1210 ff.

5. Transnationale Zusammenarbeit

Es wäre aber unvollsändig, würde heute eine Verwaltungseinheit nur aus innerstaatlicher Sicht beleuchtet. Mehr denn je sind nämlich für diese darüber hinausgehende Zusammenhänge und Entwicklungen maßgeblich. Neben den üblichen Erscheinungen bahnen sich im Alpenraum neue Kooperationsinitiativen an. Südtirol pflegt dabei nicht nur Kontakte mit Nordtirol[341], sondern greift weit darüber hinaus und beteiligt sich intensiv an den Bemühungen um eine transnationale Zusammenarbeit im Alpenraum, und zwar Hand in Hand mit anderen Regionen Italiens[342]. So ist Südtirol nicht nur sozusagen vom Negativen her kommend ein europäisches Positivum geworden, sondern wirkt entscheidend an der Verwirklichung neuer Kooperationsformen mit.

---

[341] Beachte neben dem periodisch tagenden „Kontaktkomitee" (an dem sich auch das österreichische BMAA beteiligt) etwa die seit 1970 jährlich stattfindenden Treffen der Landtage von Nord- und Südtirol.
[342] s. zahlreiche Berichte in T. T. Auf wissenschaftlicher Ebene s. *Köchler* (Hrsg.), Die europäische Aufgabe der Alpenregion, Innsbruck 1972, mit Beiträgen von *Klecatsky, Kohl, Ermacora, Martini, Binswanger, Reboud* u. a.; *derselbe,* Transnationale Zusammenarbeit in der Alpenregion, Innsbruck 1973, mit Beiträgen von *Klecatsky, Pernthaler* und *Esterbauer;* Symposium 1973 über Probleme einer europäischen Alpenregion (IPI Zürich) o. O., o. J. (Zürich - Innsbruck 1973), dort auch 88 ff. Dokumentation zu bisherigen Aktivitäten; *Klecatsky,* Europäischer Regionalismus und Raumplanung, JBl. 1972, 241 ff.

Literaturverzeichnis

Agostini: La delega delle funzioni amministrative della Regione Trentino-Alto Adige alle provincie di Trento e di Bolzano (Art. 14 Statuto speciale), Milano 1955.

Albini: La financa provinciale, in: Amorth (Hrsg.), Le Province, Atti del congresso celebrativo del centenario delle leggi amministrative di unificaizone III/2, Milano 1968, 285 ff.

Alessi: Sistema istituzionale del diritto amministrativo italiano[2], Milano 1958.

— Principi di diritto amministrativo[2], 2 Bde., Milano 1971, Nachtrag 1972.

Altenburg: Benutzung und Verwaltung der Gewässer im italienischen Recht, Wasserrecht und Wasserwirtschaft 10, Berlin 1971.

Azzariti: Die Stellung des Verfassungsgerichtshofs in der italienischen Staatsordnung, JBÖffR NF 8 (1959), 13 ff.

Bachelet: La protection juridictionelle du particulier contre le pouvoir exécutif en Italie, in: Gerichtsschutz gegen die Exekutive 1 (hrsg. von Mosler), Beiträge zum ausländischen öffentlichen Recht und Völkerrecht 52, Köln usw. 1969, 469 ff.

Barile: Istituzioni di diritto pubblico, Padova 1972.

— s. auch *Calamandrei.*

Benedikter: s. *Brugger.*

Benvenuti: L'amministrazione indiretta, Amministrazione Civile 1961, Nr. 47 - 51.

— Länderbericht Italien, in: Verwaltungswissenschaft in europäischen Ländern. Stand und Tendenzen, Schriftenreihe der Hochschule Speyer 42, Berlin 1969, 113 ff.

Beran / Konvicka: Finanzkontrolle international gesehen, Wien o. J. (1967?).

Berti: Caratteri dell'amministrazione communale e provinciale, Padova 1969.

— Il regolamento come atto normativo regionale, RTDP 1973, 136 ff. (188 ff.).

Bertoldi: s. *Visetti.*

Beyme: Die parlamentarischen Regierungssysteme in Europa, München 1970, insbes. 332 ff.

— Das politische System Italiens, Stuttgart usw. 1970.

Biscaretti di Ruffia: Die Entwicklung des neuen italienischen öffentlichen Rechts vom Juli 1943 bis 31. März 1951, DVwBl. 1951, 529 ff.

— Diritto Costituzionale[9], Napoli 1972.

Brorsen: Die Verfassungen der Erde in deutscher Sprache, 1. Lieferung Tübingen 1950.

Brugger / Benedikter / Dalsass: Südtirol vor der Entscheidung. Fragen und Antworten zu Paket und Operationskalender, Bozen o. J. (1969).

Cajoli: La „Questione" dell'Alto Adige³, 1960.

— Alto Adige addio, Milano 1967.

Calamandrei / Barile: Die Grundfreiheiten in Italien, in: Die Grundrechte I/2 (hrsg. von Bettermann / Neumann † / Nipperdey), Berlin 1967, 659 ff.

Cannata: s. *Giovenco.*

Cassese: Culture e politica del diritto amministrativo, Bologna 1971.

Cereti: Diritto costituzionale italiano, Torino 1971.

Clement / Lukesch / Singer: Vorprojekt: Ökonomische Aspekte einer Bildungsplanung für Südtirol, Institut für Wirtschafts- und Gesellschaftspolitik der Universität Innsbruck, Innsbruck 1972.

Codice della Provincia Autonoma di Bolzano, Bozen o. J. (1969).

Crisafulli: Controllo di costituzionalità e interpretazione delle leggi nell'esperienza italiana, in: Hundert Jahre Verfassungsgerichtsbarkeit, fünfzig Jahre Verfassungsgerichtshof in Österreich (hrsg. von Ermacora / Klecatsky / Marcic), Wien 1968, 73 ff.

— Lezioni di diritto costituzionale, Padova 1970.

Dalla: La Scuola nelle regioni a statuto speciale, Roma 1967.

Dalsass: s. *Brugger.*

Dalvit: Die Gemeindeverbände. Die Talschaftsräte und Berggemeinschaften, Trento 1964.

Degenhard: Der Österreichisch-Italienische Streit über Südtirol vor den Vereinten Nationen, rechts- und staatsw. Diss. Würzburg 1967.

De Simone: Sistema del diritto scolastico italiano I (I principi costituzionale), Milano 1973.

Egger: Doppelsprachigkeit in Südtirol. Faktoren und Probleme, Der Schlern 1972, 155 ff.

s. auch Diss. *desselben,* Mailand 1972.

Entwurf Raumordnungsplan der Autonomen Provinz Bozen, 2 Bde., Bozen 1967 (Jänner).

Ermacora: Die Autonomie Südtirols im Lichte der italienischen Rechtsordnung, Der Donauraum 3 (1958), 74 ff.

— Die Bemühungen um die Rechtsfrage Südtirol, Der Donauraum 7 (1962), 1 ff.

— Wie weit man von der Südtirol-„Lösung" entfernt ist, Berichte und Informationen 1212 (14. 11. 1969).

Fenet: La Question du Tyrol du Sud, Paris 1968.

— Le règlement du litige italo-autrichien sur le Tyrol du Sud, Amiens 1972.

— Le Tyrol du Sud, in: Les régions d'Europa, Paris - Nice 1973, 175 ff.

Ferrari: L'évolution du droit public italien en 1971 - 1972, Revue du droit public et de la science politique en France et à l'étranger 1973, 1207 ff.

Furlani / Wandruszka: Österreich und Italien, Wien - München 1973.

Gerin: Menschenrechte, Grundfreiheiten und die Behandlung der Minderheiten unter besonderer Berücksichtigung der italienischen Rechtsordnung, in: Die Menschenrechte, Entwicklung-Stand-Zukunft (hrsg. von Veiter / Klein), Wien 1966.

Gesetzbuch der Region, Republik Italien, Region Trentino-Tiroler Etschland (hrsg. vom Regionalausschuß), Bozen o. J. (1957?).

Giannini: Diritto amministrativo, Milano 1970.

— Tendances dans le développement des sciences administratives en Italie, Revue internationale des sciences administratives 37 (1971), 1 ff.

Giovenco: L'ordinamento regionale, Roma 1961.

Giovenco / Cannata: Codice Regionale, Milano 1971; Bd. 2: Milano 1973.

Gruber: Die Südtiroler politischen Parteien, staatsw. Diss. Innsbruck 1971.

Gstettner / Köckeis / Seidl / Weiss / Wieser: Bildungsplanung für Südtirol. Entwurf für die Forschungsaktivitäten des Instituts für Erziehungswissenschaften, Heft 15 der Arbeiten dieses Instituts, Innsbruck 1972.

Gutmann: Le funzioni amministrative tipiche della provincia di Bolzano con particulare riferimento alle innovazioni previste dal disegno di legge costituzionale n. 2216 del 19 gennaio 1970, rechtsw. Diss. Padua 1971.

Héraud: L'autonomie du Tyrol du Sud, RGDIP 1956, 316 ff.

— Die Völker als Träger Europas, Ethnos 4, Wien - Stuttgart 1967.

Hermes: Die Südtiroler Autonomie, Berlin 1952.

Hosp: Die Rolle des italienischen Verfassungsgerichtshofes in der Erfüllung des Pariser Südtirol-Abkommens, staatsw. Diss. Wien 1967.

Huter (Hrsg.): Südtirol, eine Frage des europäischen Gewissens, Wien 1965.

Jaccarino (Hrsg.): L'istruzione, Atti del congresso celebrativo del centenario delle leggi amministrative di unificazione V/1, Milano 1967.

Kassner: Die Gewerkschaften in Südtirol, Beiträge zur alpenländischen Wirtschafts- und Sozialforschung 45, Innsbruck 1969.

Keil: Die Haushalte von Nord- und Südtirol — Ein Vergleich, staatsw. Diss. Innsbruck 1971.

Köckeis: s. *Gstettner.*

Konvicka: s. *Beran.*

Lambrechts: Regionalisation et Administration, Revue internationale des sciences administratives 39 (1973), 271 ff. (284 ff.).

Landesraumordnungsprogramm Südtirol 1970, 2 Bde., „Expertenentwurf".

Landi / Potenza: Manuale di diritto amministrativo, Milano 1971.

La Palombara: Interessengruppen und Gesetzgebung in Italien, PVS 4 (1963), 386 ff.

Lavagna: La Costituzione Italiana commentata con le dicisioni della Corte costituzionale, Turin 1970.

— Istituzioni di diritto pubblico, Torino 1973.

Leidlmeier: Bevölkerung und Wirtschaft in Südtirol, Innsbruck 1958.
— Südtirol als bevölkerungsgeographisches Problem, Mitteilungen der österr. geographischen Gesellschaft 115 (1973), 5 ff.

Leisner: Die Verfassungsgesetzgebung in der italienischen staatsrechtlichen Tradition — ein Beitrag zur Lehre von der „starren" Verfassung, ÖZÖR NF X (1959/1960), 225 ff.
— Die klassischen Freiheitsrechte in der italienischen Verfassungsrechtsprechung, JBÖffR NF 10 (1961), 243 ff.

Lessona: Grundfragen der Verwaltungsgerichtsbarkeit in Italien, VerwA 1959, 237 ff.
— Introduzione al Diritto Amministrativo e sue strutture fondamentali, Bologna 1960.

Letourneur: Die Staatsräte (Conseils d'Etat) als Organ der Verwaltungsrechtsprechung, in: Külz / Naumann (Hrsg.), Staatsbürger und Staatsgewalt I, Karlsruhe 1963, 337 ff. (357 ff.).

Lukesch: s. *Clement.*

Magnago: Südtirol heute (Vortragsbericht), ÖZAP 1970, 254 ff.
— The situation of the German and Ladin linguistic minorities in South Tyrol, Europa Ethnica 1974, 146 ff.

Mayer-Tasch: Die Verfassungen der nicht-kommunistischen Staaten Europas, Stuttgart 1966 (wiedergegeben auch in Beyme: Das politische System Italiens, Stuttgart usw. 1970, 248 ff.).
— Die Verfassungen Europas[2], München 1975.

Messner: L'Autonomie administrative de la province du Haut-Adige, Brüssel 1970.

Meyer-Simon: Wirtschaftswachstum und Bildungsplanung in Südtirol. Eine Vorschau bis 1981, Beiträge zur alpenländischen Wirtschafts- und Sozialforschung 74, Innsbruck 1970.

Miehsler: Südtirol als Völkerrechtsproblem, Graz 1962.

Miele (Hrsg.): La giustizia amministrativa, Atti del congresso celebrativo del centenario delle leggi amministrative di unificazione IV/1, Milano 1968.

Moresco: Grundriß des Finanz- und Rechnungswesens der Gebietskörperschaften, Bozen o. J. (1970?).

Mortati: Istituzioni di diritto pubblico[8], 2 Bde., Padova 1969, Appendice 1972.

Pallieri: Diritto costituzionale[6], Milano 1959.

Pan (Hrsg.): Die wirtschaftliche und soziale Lage Südtirols und ihre Entwicklungsmöglichkeiten, Schriftenreihe des Südtiroler Wirtschafts- und Sozialinstituts 3, Bozen 1963.
— Die wirtschaftliche und soziale Problematik Südtirols, in: Humanitas Ethnica, FS Theodor Veiter (hrsg. von Riedl), Ethnos 5, Wien - Stuttgart 1967, 130 ff.
— Südtirol als volkliches Problem, Ethnos 9, Wien - Stuttgart 1971.

Passigli: Politische Wissenschaft in italienischer Sicht, PVS 12 (1971), 162 ff.

Pastori: La burocrazia nelle Regioni a statuto speciale, in: La burocrazia nelle Regioni a statuto speciale, Pubblicazioni dell'Istituto per la Scienza dell'Amministrazione Pubblica II, Milano 1969, 3 ff.

Peaslee: Constitutions of Nations II[2], Den Haag 1956, 482 ff.

— Constitutions of Nations II[3], Den Haag 1968, 500 ff.

Pfaundler (Hrsg.): Südtirol, Versprechen und Wirklichkeit, Wien 1958.

Pierandrei: Prinzipien der Verfassungsinterpretation in Italien, JBÖffR NF 12 (1963), 201 ff.

Pizzorusso: Le minoranze nel diritto pubblico interno, 2 Bde., Milano 1967.

— Verso il riconoscimento della soggettività delle communità etnico-linguistiche?, in: GS Carlo Furno, Milano 1973, 741 ff.

Potenza: s. *Landi.*

Rinck: Die höchstrichterliche Rechtsprechung zum Gleichheitssatz in der Bundesrepublik, der Schweiz, Österreich, Italien, USA und Indien, JBÖffR NF 10 (1961), 269 ff. (340 f.).

Ritschel: Diplomatie um Südtirol, Stuttgart 1966.

Rossano: Der Schutz der Gleichheit der Geschlechter beim Zugang zu öffentlichen und privaten Anstellungen in der italienischen Verfassung, in: FS Gerhard Leibholz II, Tübingen 1966, 237 ff.

— Der Gleizheitssatz und seine Bedeutung für die italienische Verfassung, JBÖffR NF 18 (1969), 201 ff.

Sammlung der Landesgesetze der Provinz Bozen, Bozen 1966 (Ablichtungen aus Gesetzblättern in Lose-Blatt).

Sandulli: Die Verfassungsgerichtsbarkeit in Italien, in: Verfassungsgerichtsbarkeit in der Gegenwart (Hrsg. Mosler), Beiträge zum ausländischen Recht und Völkerrecht 36, Köln - Berlin 1962, 292 ff.

— Manuale di diritto amministrativo[10], Napoli 1969.

Satta: Landesbericht Italien, in: Kaiser / Franz Mayer / Ule (Hrsg.), Recht und System des öffentlichen Dienstes, Studienkommission für die Reform des öffentlichen Dienstrechts I, Baden-Baden 1973, 155 ff.

Schloh: Die Südtirol-Frage im Jahre 1959, Europa Archiv 1959, 481 ff.

Sciascia: Die Rechtsprechung des Verfassungsgerichtshofs der italienischen Republik, JBÖffR NF 6 (1957), 1 ff.

— Die Verfassung der italienischen Republik vom 27. Dezember 1947 und ihre Entwicklung bis 1958, JBÖffR NF 8 (1959), 139 ff.

— Die Entwicklung der Italienischen Verfassung (1959 - 1966), JBÖffR NF 16 (1967), 207 ff.

Seidl: s. *Gstettner.*

Siegler: Das Problem Südtirol. Eine Chronik des Geschehens 1915 - 1959, Wien - Zürich 1960.

— Die österreichisch-italienische Einigung über die Regelung des Südtirolkonflikts, Bonn - Wien - Zürich 1970.

Singer: s. *Clement.*

Stadlmayer: Die Südtiroler Volksgruppe, in: Straka (Hrsg.), Handbuch der europäischen Volksgruppen, Ethnos 8, Wien - Stuttgart 1970, 354 ff.

— Südtirol 1970. Versuch einer Analyse, in: Volkstum zwischen Moldau, Etsch und Donau, FS Franz Hieronymus Riedl (hrsg. von Veiter), Ethnos 10, Wien - Stuttgart 1971, 169 ff.

— Neuer Beginn für Südtirol, in: Senn (Hrsg.), Die Behauptung Tirols, Innsbruck - München 1973, 15 ff.

— Ergebnisse und Probleme in Südtirol, Europa Ethnica 31 (1974), 57 ff.

Südtirol 1981, Vorbereitendes Dokument für ein Landesentwicklungsprogramm, Bozen 1973 (Oktober).

Südtirol in Not und Bewährung, FS Michael Gamper, Brixen - Bozen o. J. (1955).

Terranova: Die Ausweitung des öffentlichen Dienstes in Italien 1918 - 1958, in: Die Entwicklung des öffentlichen Dienstes (hrsg. von Ule), Köln usw. 1961, 342 ff.

Tisot: L'uso della lingua tedesca in provincia di Bolzano, o. O. 1967.

Tomuschat: Italien als Regionalstaat, Die Verwaltung 6 (1973), 167 ff.

Toscano: Storia diplomatica delle questione dell'Alto Adige, Bari 1967.

Trappe: Die verfassungsrechtliche Stellung der politischen Parteien in Italien, JBÖffR NF 18 (1969), 150 ff.

Treves: L'organizzazione amministrativa, Torino 1971.

Tumler: Das Land Südtirol, München 1971.

Ule, Verwaltungsprozeßrecht[5], München 1971, 302 f.

Unterlagensammlung Nr. 13 der Tiroler Landesregierung, Innsbruck 1948.

Veiter: Die Südtiroler Autonomie im Lichte des Völkerrechts der Gegenwart, in: FS Hugelmann (hrsg. von Wegeler), Aalen 1959, 675 ff.

— Das Recht der Volksgruppen und Sprachminderheiten in Österreich, Wien - Stuttgart 1970.

— Südtirol, das Selbstbestimmungsrecht und der europäische Föderalismus, in: Beiträge zu einem System des Selbstbestimmungsrechts, bearbeitet von Kloss, Völkerrechtliche Abhandlungen 2, Wien - Stuttgart 1970, 81 ff.

— Kritische Gedanken zum sogenannten „Südtirol-Paket", Das Menschenrecht 1970/140, 11 ff.

Vinatzer: Der Übergang von der altösterreichischen zur italienischen Staatsverwaltung — Südtirols Bezirksverwaltungsbehörden seit 1918, in: 100 Jahre Bezirkshauptmannschaften in Tirol (hrsg. von der Tiroler Landesregierung), Innsbruck 1972, 96 ff.

— Welche Gesetze Österreich-Ungarns gelten heute noch in Südtirol, in: 100 Jahre Bezirkshauptmannschaften in Tirol (hrsg. von der Tiroler Landesregierung), Innsbruck 1972, 108 ff.

Virga: Diritto Costituzionale[7], 1971.

— La regione, Milano 1949.

Visetti / Bertoldi: La burocrazia nella Regione Trentino-Alto Adige, in: La burocrazia nelle Regioni a statuto speciale, Pubblicazioni dell'Istituto per la Scienza dell'Amministrazione Pubblica II, Milano 1969, 173 ff.

— Codice della Regione Trentino-Alto Adige, Trient 1970.

Vittorio: Neue Regionen in Italien, AfKW 1971, 297 ff.

Volgger: Südtirol heute — Das Pariser Abkommen vom 5. September 1946 und seine Durchführung, in: Südtirol in Not und Bewährung, FS Michael Gamper, Brixen - Bozen o. J. (1955), 211 ff.

Wandruszka: s. *Furlani.*

Weingart: Die Besetzung öffentlicher Ämter in Südtirol, staatsw. Diss. Innsbruck 1971.

Weiss: s. *Gstettner.*

Widmoser: Autonomie für Südtirol. Der lange Weg, Innsbruck o. J. (1970?).

Wieser: s. *Gstettner.*

Wirtschaftliches Entwicklungsprogramm für die Fünfjahresperiode 1966 - 70 (29. 1. 1968).

Wolf: Südtirol in Österreich. Die Südtirolfrage in der österreichischen Diskussion von 1945 - 1969, Würzburg 1972.

Zanobini: Corso di diritto amministrativo III^6, Milano 1958.

Zielinski: Untersuchungen über das Südtiroler Sprachenrecht unter besonderer Berücksichtigung des Pariser Abkommens, jur. Diss. Würzburg 1967.

Sachregister

Abgaben
    s. Finanzwesen
Abgeordneter 48
    s. Landtag
    s. Regionalrat
Abkommen
— Pariser, s. Gruber-De Gasperi-Abkommen
Ämterordnung 59 ff., 74 ff.
Amtsblatt der Region 12 f.
Anfechtung
— Befugnisse der Provinz 48 f.
— von Gesetzen 48 f.
Anfrage 25
Assessor
    s. Landesregierung
Aufsicht
    s. Kontrolle
Autonomie 9, 11 ff., 21 ff., 33 ff., 60 ff.
Autonomiestatut
— der Region Trentino-Südtirol 12 ff., 21 ff., 33 ff., 49 ff.

Beamte
    s. Bürokratie
Beiräte 76 f.
Beschlußantrag 25
Bevölkerung 29, 31, 56 f.
Bilanzgarantie 54, 79
Budget 39, 49 f., 54 f.
Bürokratie 30 f., 58 ff., 67 ff.
— Bezüge 68
— Fortbildung 69
— Personalausgaben 70 f.
— Rekrutierung 69 f.
— Stellung der Beamten 73 f.
— Übergang des Personals auf die Provinz Bozen 19, 72 f.
— Zahl der Bediensteten 71 ff.
    s. Personalordnung

Einheitstext 21
Enquêterecht 25
Ersatzassessor
    s. Landesregierung

Finanzwesen 19, 46, 49 ff.
Friedensvertrag, italienischer 13

Gebühren
    s. Finanzwesen
Gemeinde 10, 21, 43, 48
Geschäftsordnung
— Landtag 23 ff.
Gesetz
    s. Anfechtung
    s. Gesetzgebung
Gesetzgebung
— ergänzende (tertiäre) 38 f.
— delegierte 39
— Organ 21 ff.
— primäre 34 ff.
— sekundäre 37 f.
— Zuständigkeiten Südtirols 15 ff., 34 ff.
Gewerkschaft 77
Giunta provinciale
    s. Landesregierung
Gleichheit 48, 60
    s. Proporz
    s. Volksgruppen
Gruber-De Gasperi-Abkommen 11, 13 ff., 33, 60

Haushaltsgarantie
    s. Bilanzgarantie
Haushaltsvoranschlag
    s. Budget
    s. Finanzwesen

IGH-Vertrag 17
Interpellation 25

Koalitionspakt 27
Kommission
— beim Ministerratspräsidium 16 f.
— Beratung der Regierung 76 f.
— Provinzbudget 54
    s. Neunzehner-Kommission
    s. Sechser-Kommission
    s. Zwölfer-Kommission

Kompetenz
  s. Zuständigkeit
Kontrolle
— politische 24 ff., 78
— rechtliche 25
— soziale 78
  s. Verwaltungsgerichtshof
Kooperation 46 f., 81

Ladiner 9, 22 f., 46, 57
Landesausschuß
  s. Landesregierung
Landeshauptmann 21 f., 24, 27 ff., 43 ff., 54
Landesrat
  s. Landesregierung
Landesregierung 21, 27 ff., 42 ff., 73 f.
— Aufgabenaufteilung 28, 31 ff.
— Bestellung 24, 27
— ethnischer Proporz 26 f., 29 f.
— politische Verantwortlichkeit 25 ff.
— Zuständigkeit 27 f., 42 ff., 54
Landtag 21 ff., 48 f., 61
— Geschäftsordnung 23 ff.
— Sekretär 25
— Verwaltung 25 ff.
— Zusammensetzung 22 f.
— Zuständigkeiten 24 ff.
Leistende Verwaltung 47

Minderheiten
  s. Volksgruppen

Neunzehner-Kommission 14

Öffentlicher Dienst 67 ff.
  s. Ämterordnung
  s. Bürokratie
  s. Sprache
  s. Stellenbesetzung
Operationskalender 15, 17 ff.

Paket 9, 14 ff., 33
Parallelität 34, 40
Pariser Abkommen
  s. Gruber-De Gasperi-Abkommen
Parlament
  s. Landtag
Parteien
— Politische 24, 30, 78
  s. SVP
Personal
— Übergang auf die Provinz Bozen 19, 72 f.

Personalordnung 61, 67 ff.
Personal-Verwaltungsrat 69
Polizei 43, 46
Präsident
— des Landesausschusses s. Landeshauptmann
— des Regionalausschusses s. Regionalausschuß
Presseamt 76
Proporz, ethnischer
— Landesregierung 26 f., 29 f.
— Stellenbesetzung 14, 16, 19, 30, 60 ff.
— Verwaltungsrichter 49, 80
Provinz Bozen
  s. Südtirol
  s. Zuständigkeit
Provinzialorgane 21 ff.
Provinzialrat
  s. Landtag

Rechnungsabschluß 39, 54
Regierung
  s. Landesregierung
Regierungskommissär 62, 79
Region 21, 33 f., 49 f.
— Trentino-Südtirol 10, 13 f., 54 f.
  s. Regionalausschuß
  s. Regionalrat
Regionalausschuß 27, 29, 48 f.
Regionalisierung 34
Regionalrat 22, 24, 48 f.

Schlußerklärung Österreichs 17, 72
Schulwesen 16, 18, 42 f., 44 ff., 66 f.
Sechser-Kommission 18 f., 63
Senatswahlkreise 19
Sondersekretäre 68 f.
Sonderstatut
  s. Autonomiestatut
Spezialstatut
  s. Autonomiestatut
Sprache
— Gebrauch der deutschen 14, 16, 19, 64 ff.
Sprachgruppen
  s. Volksgruppen
Staatsrat 80
Statut
  s. Autonomiestatut
  s. Einheitstext
Stellenbesetzung 14, 16, 19, 30, 49, 60 ff., 80

Sachregister

Steuern
  s. Finanzwesen
Streitbeendigungserklärung
  s. Schlußerklärung
Südtirol 10, 13 f., 21 ff.
Südtiroler Volkspartei
  s. SVP
Südtirol-Paket
  s. Paket
SVP 12 ff., 78
System
— politisches, Italien 11

Übersetzungsdienst 25 f., 66, 75
UN
  s. Vereinte Nationen
Universität 46

Vereinte Nationen 9, 14
Verfassung 11, 13, 17, 21, 37, 49 f., 53, 60, 68
  s. Autonomiestatut
Verfassungsgerichtshof 11 f., 33 ff., 37, 42, 48, 60
Verwaltung
— eigene 40 ff.
— Organe 21 f., 27 ff.
— übertragene 41, 79
— Zuständigkeiten Südtirols 15 ff., 39 ff.
Verwaltungsgerichtshof 19, 48 f., 54, 79 f.
Verwaltungsorganisation 58 ff., 74 ff.
  s. Bürokratie
  s. Landeshauptmann

  s. Landesregierung
  s. Verwaltungsreform
Verwaltungspersonal
  s. Bürokratie
Verwaltungsrat
  s. Personal-Verwaltungsrat
Verwaltungsrecht 22
Verwaltungsreform 30 ff., 59, 77
Verwaltungswissenschaft 10
Vizepräsident
  s. Landesregierung
Volksgruppen 23 f., 26 f., 29, 42 f., 48 f., 54, 57, 60 ff.
  s. Ladiner
  s. Proporz
  s. Sprache
  s. Stellenbesetzung
Volkszählung 23, 29 f., 56 f., 61 ff.

Wahlrecht 23
Wettbewerbssystem 67 f.
Wirtschaft 56
— Programmierung 44 f.

Zentralismus 11, 34 f.
Zuständigkeit
— Landeshauptmann 29 f.
— Landesregierung 27 f.
— Landtag 24 ff.
— Provinz Bozen 15 ff.
—, — Gesetzgebung 33 ff.
—, — Verwaltung 39 ff.
Zuwanderung, italienische 14
Zuweisungen 50 ff.
Zwölfer-Kommission 18 f., 30, 63

Printed by Libri Plureos GmbH
in Hamburg, Germany